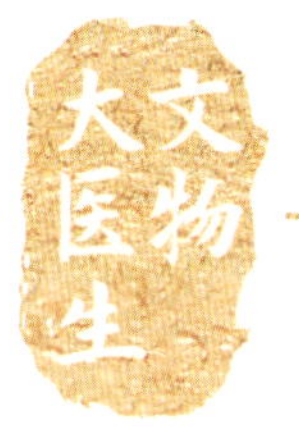

全形拓制作技艺和它的传人们

苑利　乐思芸　赵晓娇
何明　王旭　谢一菡　著
顾军　苑利　主编

北京出版集团
北京美术摄影出版社

图书在版编目（CIP）数据

全形拓制作技艺和它的传人们 / 苑利等著 ；顾军，苑利主编. — 北京 ：北京美术摄影出版社，2022.6
（文物大医生）
ISBN 978-7-5592-0497-4

Ⅰ. ①全… Ⅱ. ①苑… ②顾… Ⅲ. ①传拓技术—研究—中国②拓片—制作—工作人员—介绍—中国 Ⅳ. ①G263②K825.72

中国版本图书馆CIP数据核字(2022)第096562号

责任编辑：耿苏萌
责任印制：彭军芳

文物大医生
全形拓制作技艺和它的传人们
QUANXINGTA ZHIZUO JIYI HE TA DE CHUANRENMEN

苑利　乐思芸　赵晓娇　何明　王旭　谢一菡　著

顾军　苑利　主编

出　版　北 京 出 版 集 团
　　　　北京美术摄影出版社
地　址　北京北三环中路 6 号
邮　编　100120
网　址　www.bph.com.cn
总发行　北京出版集团
发　行　京版北美（北京）文化艺术传媒有限公司
经　销　新华书店
印　刷　雅迪云印（天津）科技有限公司
版印次　2022 年 6 月第 1 版　2023 年 3 月第 2 次印刷
开　本　787 毫米 × 1092 毫米　1/16
印　张　13.75
字　数　103 千字
书　号　ISBN 978-7-5592-0497-4
定　价　72.00 元

主编寄语

自冯骥才先生提出“传承人”概念开始，这个概念便一直被沿用至今。记得2007年文化遗产日期间，面对新华社记者的采访，我说过这样一段话：以往，一讲到中华文化的名人，我们便会想到孔子、孟子。不错，作为中华文明的集大成者，他们确实做出过杰出贡献。但是，在关注他们以及他们成就的伟大事业外，我们还应注意一个问题——除孔孟之道外，中华民族还有许多文明成就并不是由孔孟创造的。譬如，我们的中华饮食制作技术、我们的东方建筑技术、我们的造纸术、我们的活字印刷术、我们的纺织技术，以及我们已经传承了数千年之久的中华农耕技术等。也就是说，在中华文明的发展过程中，有那么一批人，同样为中华文明做出过杰出的贡献，他们就是妇孺皆知的鲁班、蔡伦、毕昇、黄道婆，拿今天的话来说，就是我们的非物质文化遗产传承人。一个国家的发展，一个国家的文明创造，没有他们的参与是万万不能的。随后，由我们提出的“以人为本”原则，以及“传承主体”概念等，基本上也都是围绕着如何认定传承人、保护传承人和用好传承人这一基本思路展开的。冯骥才认为传承人是一群智慧超群者，他们“才华在身，技艺高超，担负着民间众生的文化生活和生活文化。黄土地上灿烂的文明集萃般地表现在他们身上，并靠着他们代代相传。有的一传数百年，有的延续上千年。这样，他们的身上就承载着大量的历史信息。特别是这些传承人自觉而严格地恪守着文化传统的种种规范与程式，所以他们的一个姿态、一种腔调、一些手法直通远古，常常使我们穿越时光，置身于这一文化古朴的源头里。所以，我们称民间文化为历史的‘活化石’”。

与精英文化所传文明的经史子集不同，传承人所传文明，主要体现在传统表演艺术、传统工艺技术和传统节日仪式3个方面。而本套丛书所采访记录的各位大家，正是偏重于传统工艺技术的文物修复类遗产的传承人。

人们对非物质文化遗产的认识，是有一个明显的渐进过程的。最初，人们并没有意识到文物修复与非物质文化遗产有何关联，所以在2006年第一批国家级非物质文化遗产项目中，就没有什么文物修复项目。当我们意识到这个问题后，便在2007年出版的《非物质文化遗产学教程》中，特意提到了文物修复，并认为这同样是一笔宝贵的非物质文化遗产，应该纳入保护系列并实施重点保护。从那时起，文物修复类项目也渐渐多了起来。

此次出版的“文物大医生”丛书，所收录的多半是专门从事皇家文物修复工作的老一代文物修复工作者讲述的故事。我们的目的是想通过他们将中国古老的文物修复历史，其中所涉及的著名历史人物、历史事件以及这些老手艺人总结出来的非常实用的文物修复技术，通过一个个真实、生动且有趣的故事，告诉每一位读者。这些故事很多都是首次披露，希望能给读者带来更多的收获和惊喜。

在这套丛书即将出版之际，我们还要感谢采访到的各位传承人。正是因为他们的努力，我们的老祖宗在历史上总结出的许多文物修复技术才能原汁原味地传承下来，也正是因为他们腾出大量时间接受我们的采访，他们所知道的故事才能通过这套丛书传诸后代。

顾军　苑利

2022 年 5 月 6 日于北一街 8 号

前 言

全形拓，即人们用传拓技术，把钟鼎彝器的立体原形勾勒出来并转移到平面拓纸上的一种技艺，也称器物拓、图形拓或立体拓。在照相术传入中国之前，人们为了能将钟鼎彝器记录下来，于是创造了这项技艺。经过一代又一代行家的悉心探索、传承和保护，全形拓的拓制技术也日臻成熟，并最终步入受人敬重、受国家保护的非物质文化遗产行列。

作为拓片制作技艺之一的全形拓，也是拓片收藏领域的一个珍稀品种。为什么全形拓在拓片收藏界显得如此珍贵？究其原因，主要是“钟鼎彝器的收藏者非富即贵，不是朝廷重臣，就是地方要员；不是博学通人，就是贤达乡绅，其中当然也不乏巨商大贾，涉足者，或淹通经史，或精于小学，或笃嗜鉴赏”[1]。所以，这些钟鼎彝器也只能为富贵贤达者

[1] 刘海宇．山东汉代碑刻研究[D].山东大学，2011.

拥有。“石”的收藏者人数众多，这多多少少带有些平民倾向，一般美称“乐石”，而作为“吉金”的钟鼎彝器则可以说是少之又少了。

本书以重塑印刷术源头为起点，探索全形拓的发生及其对于文明（含金石学）发展的影响。而后根据全形拓的发展轨迹，将其分为六阶段，以马起凤、释达受、陈介祺、周希丁、马子云、傅大卣、贾文忠等人为线索，串联起中国全形拓的辉煌历史。古老的全形拓因为一批又一批的传承者原汁原味地传承至今，从未远去，活在当下，走向未来……

目 录

01

一个被忽略了的印刷术源头

印刷术作为中国四大发明之一，在人类文明传承与传播进程中，有着无可取代的价值。人类通过对前人知识与技能的习得和在此基础上的“再造”，完成了人类文明的延续和传承。人类文明的延续通常是通过两种方式来完成的：一种是通过口耳相传的方式而实现的文化的传承；另一种是通过印刷复制技术——通过可读可看的方式而实现的文化的传承。这两种方式建构起了文化传承的基本特征。而由印刷复制技术所进行的传承，并不仅仅是图文信息的转移、复制与传播，更为重要的是，它开启了人类文明传承与传播的另类方式。所以，印刷术的发明也就有了更为重要的意义：它打破了物质与非物质的界限，把人类的情感、意识、理念、逻辑、思想种种不可见的东西，转化成了可视、可感和有形的记忆。

拓片是印刷复制技术的早期运用形式之一。在文物考古、博物馆陈列保管等工作中，为便于对碑碣墓志、石刻造像、古陶砖瓦、铜铁铸器、古代货币、甲骨文字等文物的研究，往往会把器物上的文字和花纹拓印下来，这种拓印下来的东西人们俗称为“拓片”。拓片也是图书馆、博物馆等机构中纸质复制类藏品的重要组成部分。不但文物上的字迹和纹饰可直接拓印在纸上，文物的形状也可以通过全形拓的方式拓印在纸上，从而使原物件的相貌得以真实地体现出来，给人以更为清晰、真实、生动和完整的印象。

拓片所需要的技术叫“拓印技术”。拓印在中国有着悠久的历史，远在公元前2000多年前，每遇重大事件，人们都会将事件经过用文字或图像镌刻在骨版、青铜、砖瓦、陶瓷、玉石等物质载体上，而后人要想让更多的人看到这些信息，只能通过拓印的方式，将它们拓印下来。

拓片种类很多，大致可分为碑文拓片、墓志拓片、摩崖石刻拓片、石经拓片、佛经刻石拓片、经幢拓片、造像铭文拓片、刻帖拓片、游记石刻拓片、画像石拓片、画像砖拓片、塔铭拓片、造桥铭拓片、图画刻石拓片、钟鼎铭文拓片、瓦当文字拓片、砚铭拓片等。

传世拓片以碑帖为主，许多已散失毁坏的碑刻，因有拓片，才能让更多的后人看到原碑刻的内容，如汉代的《西岳华山庙碑》、北魏的《张玄墓志》、东吴的《天发神谶碑》，以及唐柳公权的《宋拓神策军碑》等，都是因为有了

民国年间泰山经石峪拓印场景

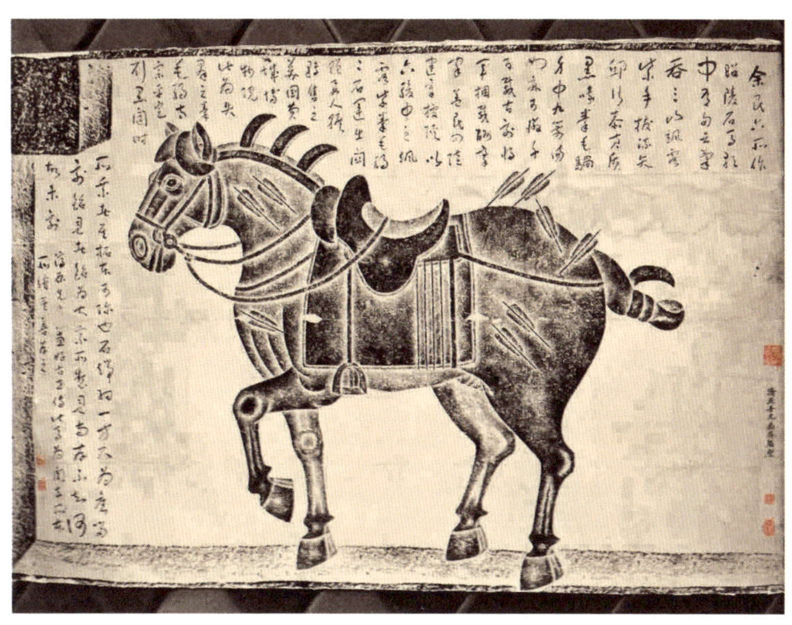

昭陵六骏之一拓片

前人的拓片，才能流传后世，由此可见拓片的重要。

拓碑是将碑版上的文字或图像，用纸紧覆，再用墨打拓其上的文字或图形，使文字或图形通过墨印在纸上，从而实现文物上所录信息的转移。拓印技术有着悠久的历史，早在印刷术诞生之前，古代遗存下来的文字有不少都是通过刻石的方式记录下来的。譬如，早在战国初年墨子就在他的著作《墨子》中讲到了这种方法。他所讲到的“金石”中的

“金”，指的是青铜器，而“金石”中的“石”，指的就是石头。唐贞观初，人们在陕西宝鸡附近的陈仓发现了10个石鼓，上面的刻字记载了公元前8世纪时秦文公的事情。这是迄今为止年代最久的“石头记”了。

“拓碑是复制文字或图案的绝佳方法。由于碑文的功能，不外乎避免传抄错漏、庆祝特定事件或颂扬某人功业，墨客或信众也利用此法，替自己留下造访名胜的纪念。这样的拓印法未曾变化，用以复制文字，迅速而便宜，始终为人所喜。中国纸坚韧而柔软，稍加压揉、敲打，便与石碑表面的起伏紧密贴合。纸张濡湿时，会深陷进石面的刻痕中，

石鼓

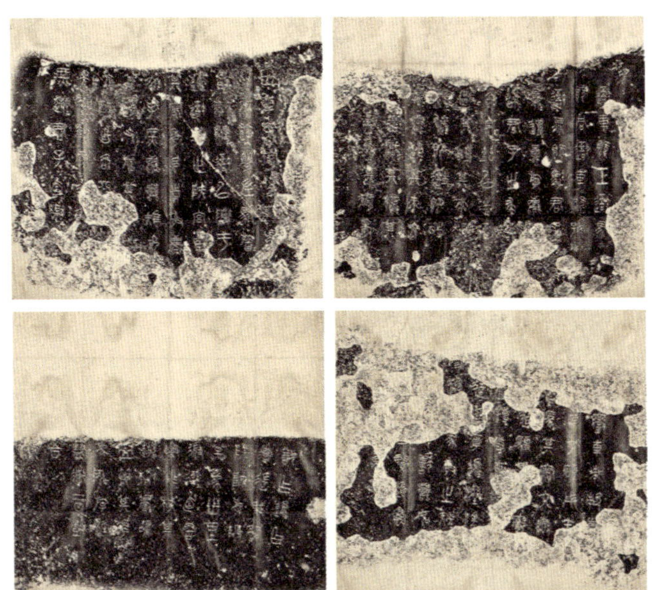

石鼓文拓片

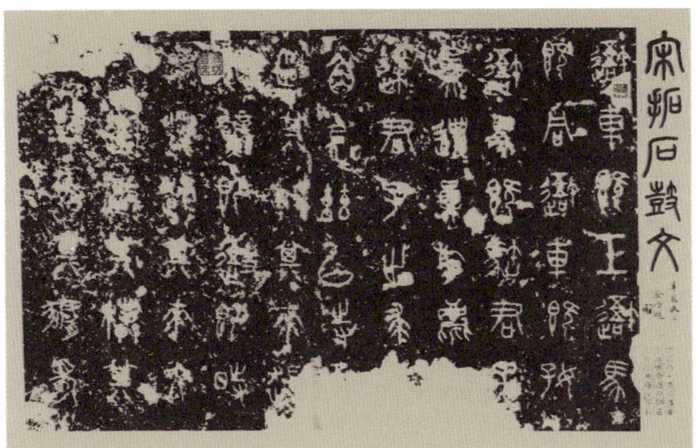

宋拓石鼓文

此时上墨，不会沾染到陷入刻痕的部分；待纸张风干、与碑面分离，自然在黑色或其他颜色的背景下，浮现留白的字迹。”[1]

由此可见，古老的拓印技术已初具印刷术的雏形。任何一项重大的创造发明，都不是一个人或少数人在短时间内能完成的，而是很多人在总结前人发明创造成果的基础上逐步完善的，雕版印刷术的发明也不例外。木质印章的反刻技术对雕版印刷技艺的产生具有很大的影响。印章钤印技术，商周已遍，至秦汉而盛。标准量具上的铭文、魏晋道士的木质符印、晋代反写阳文凸字的砖志、南朝反写反刻阳文神道石柱（墓志），都表明了反刻文字技艺已被熟练掌握运用。东汉发明的人造松烟墨，既易书写，又易上色。南朝萧梁时期，拓碑技术产生，为印刷术的发明奠定了坚实的基础。从上述描述中，我们不难看出，拓碑技术或是更为广义的拓印技术已经为雕版印刷的产生提供了重要的技术支撑。

[1] [法]费夫贺，[法]马尔坦.李鸿志译.印刷书的诞生[M].桂林：广西师范大学出版社，2006.12，51。

02

墨拓的产生与文明的传播

拓印又叫“传拓”。传拓是中国人发明的一项古老的印刷技术。它的基本原理是以湿纸紧覆于金石器物之上，用墨拓手法，使器物上的铭文、纹饰、图形等真实地复制到纸上的一种古老的印刷技法。传拓又被称为“椎拓”“捶拓”“毡蜡”“打字帖”“拓碑”等。

敦煌藏经洞发现的唐拓柳公权书《金刚经》

“传拓”一词产生于隋代。据《隋书·经籍志一》载：“其相承传拓之本，犹在秘府。”可见“传拓”一词早已有之，至少早在1000多年前的隋代就已经产生了。最早的传拓实物是敦煌藏经洞发现的唐拓柳公权书《金刚经》、欧阳询书《化度寺禅师碑》和李世民书《温泉铭》。

唐以后，传拓技术得到广泛发展。唐代诗人韦应物在《石鼓歌》中写道：“今人濡纸脱其文，既击既扫白黑分。”讲的就是把弄湿的拓纸覆盖在石鼓表面，通过击扫过

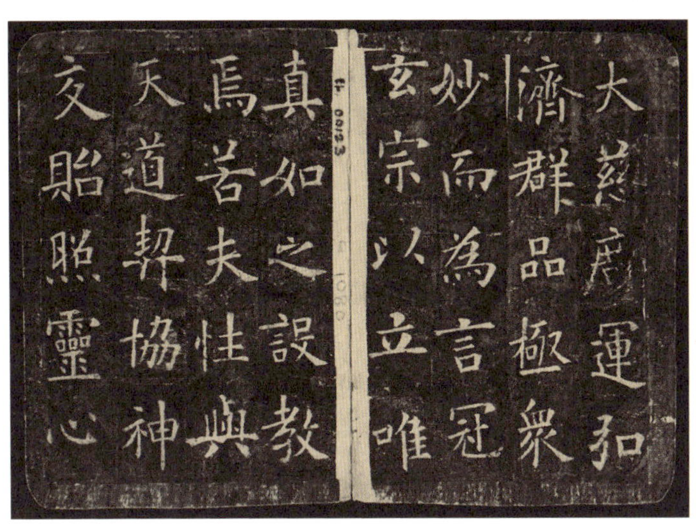

敦煌藏经洞发现的唐拓欧阳询书《化度寺禅师碑》

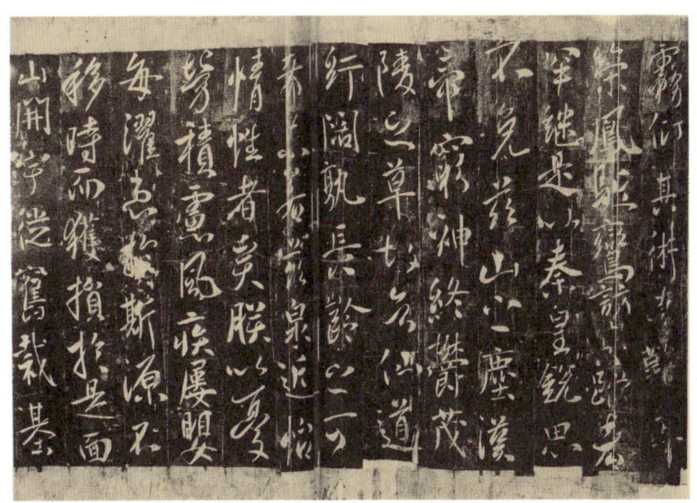

敦煌藏经洞发现的唐拓李世民书《温泉铭》

程得到白黑分明的拓片。由此可见，唐代人不仅对传拓技法已熟练掌握，还能拓出白黑分明的拓本。

在宋代的300多年间，传拓不但从未间断，而且达到鼎盛，而这显然与金石学的高速发展有关。这一时期，古代的名碑被大量翻刻，刻石拓墨技术也有了显著提高。这一时期除拓印石刻文字外，人们还采用传拓术拓取青铜器上的铭文。

明代的传拓方法基本上延续了宋代的传统。清代金石学进一步发展，传拓技艺也得到了很大提高。随着近代考古学的进入，古老的金石学也逐渐融入考古学中，成为考古学的重要组成部分，传拓技艺在文物考古工作中，发挥着越来越重要的作用。

拓制方法从色彩上分，又可分为“墨拓”与“朱拓”两种。墨拓一直受到金石学家和文人的喜爱。墨拓对石碑上的文字、图像、纹理、形态都可以真实地呈现出来，形成黑底白字的艺术效果，不仅具有考据价值，同时也具有艺术的形式美感。时至今日，尽管摄影录像技术可以真实地呈现与记录，但有些文物中所展现出的精微的细节与笔意趣味，仍需要用墨拓的方法来表现。

墨拓的方法主要有擦墨拓法、扑墨拓法、蜡墨拓法、镶拓法、响拓法等。

擦墨拓法所用工具是细毛毡卷成的擦子，擦子要卷紧缝密，手抓合适为宜。拓片前，先将毡卷下端切齐烙平，然后把湿纸铺在碑石上，用棕刷拂平并用力刷捬，使印纸紧覆凹处，再用鬃制打刷有顺序地捶打一遍。如石刻坚固，纸上还须垫上毛毡，用木槌捶打，使笔道细微处清晰，但绝不可用木槌重击。待纸干后，再用笔在拓板上蘸墨，用擦子把墨汁揉匀，后往纸上擦墨，原则是不要让墨浸透纸背，擦墨三遍，待碑文黑白分明即成。

扑墨拓法所用扑子一般用白布或绸缎包棉花或油纸做成，内衬布两层，一头绑扎成蒜头形，按所拓碑刻、器物的需要，可捆扎成大、中、小3种。拓印时，须先往扑包上喷些水，使之湿润，然后用笔蘸墨并刷在拓板上，再之后，用扑子揉匀。如用双扑子，则可先在下面的扑子上蘸墨，然后两个扑子对拍把墨汁揉匀，再往半干纸上扑墨。第一遍墨必须均匀，扑三四遍墨见黑而有光即可。

蜡墨拓法是用松烟子和蜡调和，做成饼状大墨团，将干纸贴在刻石上，用大蜡饼干擦，又名为干擦墨。在气候严寒或洞窟潮湿的地方，使用这种干擦墨拓法比较合适。

镶拓法是指用小扑子先拓大字边缘，然后镶补完整的一种拓法。拓印时，先把字边拓好揭下，然后再在其他地方补墨。一般摩崖大字题刻，多用此拓法。

响拓法是指拓善本碑帖，将透明薄纸平铺在碑帖上，用笔双钩轮廓，然后用小扑子影拓，或在原碑帖上覆一层薄纸双钩填墨。

传拓碑帖用墨，以晚清、民国初年的碎墨为最佳。传拓时，将碎墨放入小罐内，加适量凉水，用木棍搅成墨汁，以写字不洇为度。松烟桐油和香料制成的墨，或现在的精制书画墨汁，也是传拓碑帖的佳品。

墨拓技术的发明和创造，充分体现出我国劳动人民的智慧，也体现出中国传统的哲学观与审美观，而墨拓术的应用，又在很大程度上推动了我国文字与图像的记载、保存、交流与传播。

03

墨拓与金石学

在没有照相术的时代，对于古代金石学者来说，想要目睹古物风采并非易事。所以，通过绘画或拓片来研究古物，可以说是古人研究金石学的一个重要手段。而且，相较于绘画，拓片的真实性和逼真度肯定会更胜一筹，因此有学者认为没有拓片就不可能有金石学。

金石学的“金”，主要是指青铜器及青铜器上的铭文，“石”是指石刻，而且主要是指石刻上的文字。在远古社会，金石文化常与祭祀相关。祭祀中的仪式充满了神圣与庄严，因此，古人但凡有时间，都会把这些“国之大事”镌刻在石头上，或是浇铸在青铜器上，这是中国历经千百年留下的文化传统。从考古出土的考古文物看，汉代写在简帛上的先秦文献已是相当地残缺，而商周时期铸在青铜器上的铭文，或是东周以后镌刻在石头上的石文，都保存得十分完好。这也是古人凡大事都镌刻在金石上的一个十分重要的原因。到了北宋，随着金石学的兴起，镌刻在石头上的碑文和铸在青铜器上的铭文，开始受到越来越多的金石学者的注意。一方面，金石之学可以证经补史，有助于复礼；另一方面，金石学实证研究，也非常有利于史学与文字学的研究向纵深发展。此外，北宋时期造纸术、印刷术与墨拓技术的进一步发展，也为北宋金石学的发展提供了重要的技术支撑。

何谓“金石学”？所谓的“金石学”，是指专门研究古代钟鼎彝器碑碣石刻、考辨今古文字的一门学问。马衡先生认为：“金石者，往古人类之遗文，或一切有意识之作品，赖金石或其他物质以直接流传至于今日者，皆是也。以此种材料作为客观的研究以贡献于史学者，谓之金石学。”可见，金石学最初的研究是为考证经史材料。随着文物出土数量的不断增多，金石学研究的范围也开始扩大，并从原来的古器物学和金石文字学，逐渐推广到包括殷墟甲骨、燕齐陶器、齐鲁封泥、西域简牍、河洛明器在内的一切金石遗存。

金石学的发展在中国经历了3次大的起伏。

自宋代成为一门专门的学问后，金石学迎来了第一次高潮，但随后的元明金石学跌入低谷。金石学的第二次兴盛是在清代，这一时期，有大批的金石学家涌现出来，并取得了斐然的成就。民国时期虽有罗振玉、马衡、王国维等巨擘出现，但由于西学的涌入，金石学被逐渐边缘化，并成为少数知识分子显示学识、修养的标志。直至中华人民共和国成立后改革开放政策实施以来，金石学才又迎来了它的第三次高潮。

中国金石学的萌芽大致可以上溯到春秋战国时期，一些著名的富于实践精神的知识分子，为阐明古代文物资料或宣扬自己的政治主张，非常注重实物资料的发掘。但研究者甚少，并无专著问世。到了北宋时期，欧阳修作为开创者，开创了金石学，并成为金石学的鼻祖。他的学生曾巩在他的《金石录》中，最早提出“金石”一词。清代王鸣盛、王昶等人，则最早提出“金石之学”一词。由此不难看出，清代学者是把金石学作为一门学问来看的。

北宋时期，经过唐末五代的割据、混乱之后，社会动荡不安的局面终于结束，社会经济空前繁荣，农业和手工业都有了很大的发展。统治者为巩固政权，建立纲常伦理，奖励经学，提倡恢复礼制。于是王室及士大夫们开始热衷于古代礼乐器物的收集、整理和研究，对古物的收集、整理和研究出现热潮。而唐代以来的墨拓术、造纸术和印刷术的发达，也为金石文字的流传提供了条件，促进了金石学的有序发展。同时，历史学、书学和古文字学的进步，也在一定程度上刺激了人们对新资料的探求，金石学正是在这样一个背景下呱呱落地的。

宋仁宗时，对宋代金石学有着开创之功的刘敞，拿出家藏的11件古器物，让人摹其铭文，绘其图像，刻于石上，命名为《先秦古器图碑》。这部书稿虽已失传，但其开创之功是不可磨灭的。此外，他还在《先秦古器记》中提出了利用古器和研究古器的方法，即"礼家明其制度，小学正其文字，谱牒次其世谥"。有人认为，这也是中国历史上研究金石学的第一部学术专著。

现存年代最早且最为系统的一部古器图录是成书于北宋元祐七年（1092年）吕大临所撰的《考古图》。

吕大临（1040—1092年），中国宋代著名金石学家，字与叔，京兆蓝田（今陕西蓝田）人，又被称为"蓝田四吕"之一。吕大临不但是当时著名的理学家，还是中国最早的金石学家、青铜器专家。《考古图》是一部金文著录，全书共10卷，比较系统地著录了当时宫廷和私家收藏的古代铜器、玉器。《考古图》对每件器物都进行了精细的摹绘，从

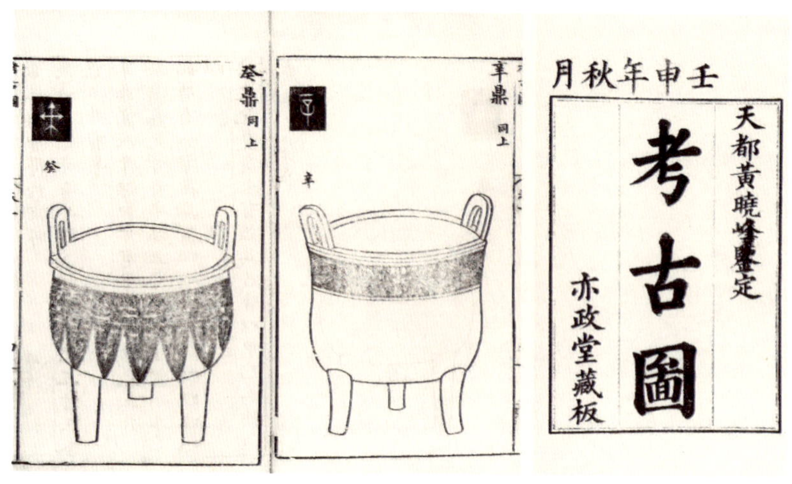

《考古图》（内页）

图形、款识，到尺寸、容量、重量，都有翔实的记录。记录中还尽可能清晰地注明出土地或收藏地点。除此之外，作者在编排上还注意到了器物之间相互依存的关系。难能可贵的是，作者还能根据器物的形制、文字和出土地推断出器物形成的年代。这些研究成果至少为其后的金石学研究在体例上开了先河。当然，虽然吕大临在金石学上取得了很大成就，但他从未把对青铜器的收集与研究当作一门单独的学问来看待。他的目的是想通过对青铜器的收集与研究，为他倡导和践行的明礼教以及恢复三代礼制的关学宗旨和古礼研究提供资料的支持。这也充分反映出宋代金石学兴起的最直接动力就是北宋政权建立新礼的迫切的现实需求。

2006年1月中旬，位于陕西省蓝田县三里镇乡五里头村的吕氏家族墓被盗。不久，西安市公安局破获了这起盗挖古墓文物案，查缴文物89件。这批文物中属国家一级文物的3件、属国家二级文物的11件（组）、属国家三级文物的49件（组）。文物数量之大、级别之高均属罕见。虽经考证这批文物并不属于吕大临本人，但也从侧面反映出宋代知识分子对金石学的喜爱与推崇。

《考古图》《宣和博古图》反映出宋代古器物研究方面所达到的最高水平，而其后的《历代钟鼎彝器款式法帖》等铜器著录书目，《集古录》《金石录》《隶释》等石刻著录书目，也反映出宋代金石学研究的兴盛。宋代金石学的另一重要贡献，就是创造了传拓文字和绘制图形的方法。

元明两代，金石学成就不大。在元代初期入仕中国的色目人葛逻禄迺贤的《河朔访古记》一书中，讲述了作者自浙江至黄河中下游地区考察古代城郭、宫苑、寺观和陵墓等遗迹及搜求古碑刻的故事。该书将历史地理和考古相结合，突

破了一般金石学闭门考证之风。

元代朱德润的《古玉图》是现存年代最早的专录玉器的专著。石刻方面，元代潘昂霄的《金石例》则开碑记义例之先河。明代陶宗仪的《古刻丛钞》、都穆的《金薤琳琅》具录全文。

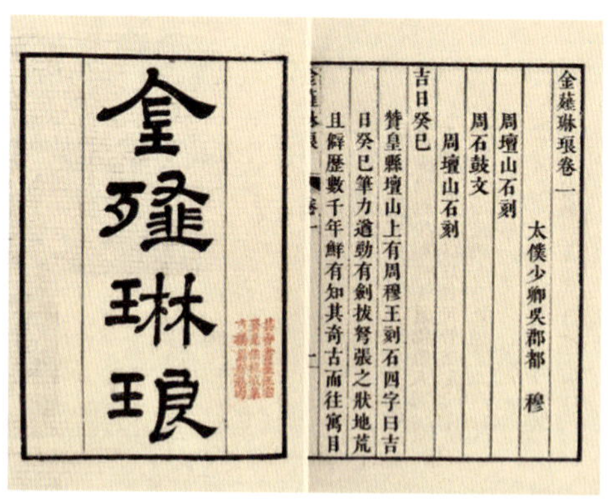

金薤琳琅

金薤琳琅卷一
太僕少卿吳郡都穆
周壇山石刻
周石鼓文
周壇山石刻
吉日癸巳
贊皇縣壇山上有周穆王刻石四字曰吉日癸巳筆力遒勁有劍拔弩張之狀地荒且僻歷數千年鮮有知其奇古而往寓目

《金薤琳琅》（内页）

清代，中国的金石学有了很大的发展。受乾嘉学派影响，清代金石学的著作很多，据容媛所辑《金石书录目》统计，在现存金石学著作中，北宋至乾隆以前700年间仅有67种（其中宋人著作22种），而乾隆以后约200年间却有906种之多，可见其发展之盛。清代金石学的特点是精于鉴别，详于考订，研究范围较广，并有一些集成性和综合性的著述。搜集的铜器铭文、碑刻、钱币及玺印等铭刻资料十分丰富，考释文字的水平也比较高。清代金石学的著作除因袭宋代的存目、录文、摹写、纂字、分区、鉴识、探源等形式外，还开辟出断代、通纂、概论、发展史和书目等诸多领域。另外，玉器、镜鉴、泉币、兵符、玺印、砖瓦、封泥和陶器等，也都开始有了专门的研究。

清末民初，近代考古学已在中国诞生，金石学研究逐渐演化为考古学的组成部分，独立的金石学已不复存在。

通过我们对金石学发展史的梳理和代表人物的分析，我们大致可以了解到，金石学研究者多为知识分子或富足的官宦人家。这一方面是因为金石学研究需要深厚的人文修养与学术功底，另一方面也因为金石学的研究对象，特别是青铜器、石碑、石刻等，器形硕大，又非常难得，所以它只能成为一门小众之学。

中国传统金石学研究的对象之一是青铜器。青铜器是中国传统艺术的精华，负载着中国古代文明的大量信息。它制作精良，气魄雄伟，所含技术高超，作为权力与地位的象

征、记事耀功的手段，具有无比珍贵的历史价值、文化价值和艺术价值。但这种价值连城的重要礼器，并不是谁都能见得到的。

又如石碑、石刻，体量巨大，其分布也遍及全国各地。在访碑过程中，对碑刻文字进行摹拓是访碑者的共同爱好。汉灵帝熹平四年（175年），蔡邕向汉灵帝建议，希望他能把一些儒家经典刻在石碑上，作为校正经书文字的标准。灵帝同意后，蔡邕亲自书写，刻好后的石碑一块块立于首都洛阳的太学门外。这一下可热闹了，据说当时每天都会有人赶去抄写碑上文章，或是把过去抄写的书稿拿去，与碑上文章一一校对。热闹时，一天载人来的车辆竟有1000多乘，车水马龙，络绎不绝，挤成一团。

那么，还有没有别的什么良策呢？这时，人们想到了墨拓。黄易《小蓬莱阁金石文字》是第一部著录石刻文字而以双钩法保存字形特征的金石学著录。此后，运用双钩之法的还有张德容的《二铭草堂金石聚》、徐同柏的《从古堂款识学》、潘祖荫的《古楼汉石纪存》以及徐渭仁、叶志诜、赵之谦、杨守敬、罗振玉等人的著述。陈介祺的《传古别录》从4个方面详细地介绍了墨拓的具体方法：一为拓字之法，二为拓字之目，三为拓字损器之弊，四为剔字之弊。书中所论，涉及用刷、选纸、施墨、去锈诸法，同时也谈到了直捣、重按、易磨、刀剔诸弊，无一语不是从体验中来，而拓包、上墨之法，实传古之秘诀。书中还讲道，拓墨须手指不动而运用腕力，乃使心动，而腕仍不动，不过其力，或轻或重，或抑或扬，一到字边，包即腾起，如拍如揭，以腕起落，而纸有声，乃为得法，大有庖丁解牛，神乎其技之感。

墨拓手法

墨拓之法理论著作的出现，不仅标志着拓制技法上的日趋完善，也显示出当时人们观念上的自觉与成熟。

由此可见，墨拓作为客体，是金石学研究与传播的重要载体与手段，为金石学的发展起到了至关重要的作用。墨拓作为主体，在其自身的发展过程中，形成了独特的艺术表现形式与审美价值。

拓制场景

04

平面拓与全形拓

从拓片内容的表现形式看，墨拓又可分为平面拓和全形拓。平面拓，出现时间最早，存世量最多，内容最广泛。顾名思义，这类拓片所展现的被拓物是平面的，因此多用于石刻碑志的拓印。

汉画像石拓片

汉画像石拓片集中展现了平面拓的艺术魅力。汉代画像石拓片具有极高的历史价值和艺术价值。其艺术表现的最大特点是外拙内精、笔简意足。鲁迅的一生都伴随着对汉画像石拓片的收藏与研究，他收藏了山东地区汉画像石拓片358张、河南地区汉画像石拓片290张，他曾高度评价过这些汉画像石的艺术魅力："汉画像的图案，美妙无伦，为日本艺术家所采取。即使是一鳞一爪，已被西洋名家交口赞许，说日本的图案，如何了不得，了不得。而不知其渊源出于我国的汉画像石呢！”[1]可见鲁迅很早就认识到了汉画像石的历史价值和艺术价值。汉画像石拓片本身又是一种深沉雄健、粗犷豪放、充满了力量感和运动感的艺术品，其特有的古拙而质朴的美感是其他艺术形式中从未有过的。

全形拓也称立体拓、器物拓、图形拓，是一种主要以墨拓技法完成，在过程中辅以线描、绘画、传拓、剪纸拓等技法，把器物原貌转移到平面拓纸上的一种技艺，多用于青铜器。全形拓本的长处是能依原器之大小，使形状花纹展现于纸上，再加以题识，辅以花卉，即成一轴最佳之美术品。和书画碑帖等一样，不少全形拓也常有历代跋文、名家题识，或考订论学，或品鉴谈艺，乃至金石因缘、聚散始末，翰墨佳话、得失逸闻等，展玩赏读之间，趣味时见，令人忘倦。

在所有传拓技法中，最难的要数青铜器全形拓。传拓者不仅要有很强的素描功底，还需要敏锐的审美眼光，因此，很难为一般的传拓者所掌握。不同于一般的平面拓片，全形拓要按器物各部位尺寸的比例，审其向背，施墨分轻重，拓出的器

[1] 夏晓静.浅说鲁迅藏汉画像石拓片[J].鲁迅研究月刊，2016(4):55-56.

物图才会有立体感，看上去才会有一幅素描器物图的感觉。

平面拓片很大一部分传拓的是碑碣石刻上的文字，石碑一般都暴露在野外，经过风吹日晒表面就会显得斑驳陆离，而青铜器的材质是青铜，时间长了就会生锈，因此二者传拓出来效果质地自然会有一定的差异。青铜器全形拓形态呈现的美感更为立体与复杂，充分体现了以平面纸张的二维来展现青铜器的三维立体的视觉效果。那么，什么是最好的全形拓呢？它必须是在真器上传拓，器形完整，铭文纹饰清晰；整体构图清晰，奇迹天成，简洁大方，主题明确，讲究庙堂味和金石气韵。“金石气韵”是青铜器全形拓展现出的独特神韵。

05

全形拓发展的六个重要时段

全形拓的发展过程大致可分为以下几个时期。

第一阶段为原始初创期。这一时期的代表人物有马起凤、释达受（字六舟）等。他们的功绩是在清代朴学盛行之际，独创出了一种全新的传拓方法。但这一时期人们拓的多半是一些小的器物，且线条简单、纹饰简约。在具体做法上，习惯以平面拓来做立体拓，不讲求透视。

六舟拓《剔灯图》

六舟拓鼎

第二阶段为完善发展期。这一时期的代表人物是陈介祺。他的功绩是对器物的绘图更加趋于合理，他的最大贡献是运用了分纸拓法。

第三阶段为成熟鼎盛期。这一时期的代表人物是周希丁。他的主要贡献是把西方的透视法和素描法运用到了传拓的器物上。与此前相比，所拓器物图像的立体感大为增强。

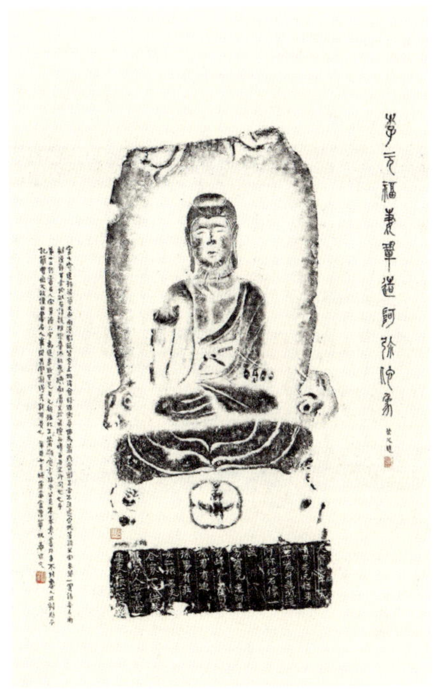

周希丁拓《李元福妻巩造阿弥陀象》

第四阶段是中华人民共和国成立后的保留期。这一时期的代表人物是马子云、傅大卣。他们的最大贡献是将全形拓这门技艺保留并传承下来。

第五阶段是改革开放后的继承期。这个时期的代表人物是马国庆、傅万里、贾文忠等人。他们继承了传统，并使传统在这一时期得到了发扬光大。

第六阶段是当下的弘扬发展期。这一时期的代表人物是吴历波等青年一代。

贾文忠全形拓作品

06

陈介祺与全形拓

陈介祺，字寿卿、酉生，号簠斋、伯潜，是我国晚清最杰出的金石学家和传拓大家。他的故居位于山东省潍坊市的潍城区，据说老宅中藏品浩繁，尤以印的数量最为惊人。其中东楼内仅夏、商、周三代及秦汉古印就收藏有7000多方，故名曰“万印楼”。老宅的北厅是陈介祺的书房，内藏商周古钟11件，包括天亡簋、曾伯簠等青铜名器，取其整数，名“十钟山房”。其中，曾伯簠是东周时期最著名的青铜器之一，为陈介祺早期所藏，陈介祺自号簠斋，即缘于此。

陈介祺一生收藏了大量古物，曾自赋诗联“陶文齐鲁四千种，印篆周秦一万方”。《清史稿》称他“所藏钟彝金石为近代之冠”。这些文物及其拓片留传至今，为当代金石学研究和历史考据保留了许多可借鉴的资料。但陈介祺为金石学与传拓技艺做出的贡献绝不仅于此，他不仅“藏古”，而且“鉴古”“传古”。

陈介祺生于清嘉庆十八年（1813年），少年时便随父居京求学，19岁即“以诗文名天下”，22岁中举人，32岁中进士，后供职翰林院。他精通经史典籍、义理训诂、辞章音韵，尤爱金石考据。陈介祺去世于清光绪十年（1884年），一生共经历了晚清五朝的更替。

陈介祺生于名门望族，家世煊赫，一生衣食无忧。他的家人、师友，对他做金石研究有很大的帮助。陈介祺的父亲陈官俊是道光年间的名臣、帝师，官至吏部尚书、上书房总师傅。而陈官俊曾被清代三朝阁老、一代文宗阮元收为门生，并向他请教金石学。阮元称他“非天机清妙，不能笃嗜古文字”。陈介祺的岳父是官至四川司郎中、广东布政使等

潍坊陈介祺故居万印楼

职的李璋煜，也是金石学界的一位活跃人物。他非常赏识陈介祺在金石领域的才学，通过他的介绍，陈介祺得以与释达受结识，互寄金石拓本，并成挚友。

清嘉庆以后，吉金拓墨之风愈盛。那是因为在那个时代照相术并未流行开来，人们要想让更多的人能够欣赏到原器物，最简单的办法就是对器物实施全形拓。据说现存最早的全形拓片是释达受于清道光十年（1830年）拓制的。陈介祺的传拓技巧正是在释达受全形拓的基础上发展并成熟起来的。归隐故里后，陈介祺还逐渐掌握了乌金拓、蝉翼拓等各种拓法。他将这些拓法整理成《簠斋传古别录》一书，专门介绍了各种传拓技法。书中对传拓的工具、选材、工序都做了严格规定和详细说明，例如“浓煎白芨胶法上纸”，这是他归隐之前与金石学家张廷济在书函往来中询取到的一种传拓技巧。经过实践，他又对此做了进一步的改进，逐渐摸索出了“以芨水上纸，以纸隔匀去湿纸，再以干纸垫刷击之”[1]的上纸法。若拓古石，他认为要用厚纸来拓，“先扑

[1] 陈介祺《簠斋传古别录》，光绪元年滂喜斋丛书本。

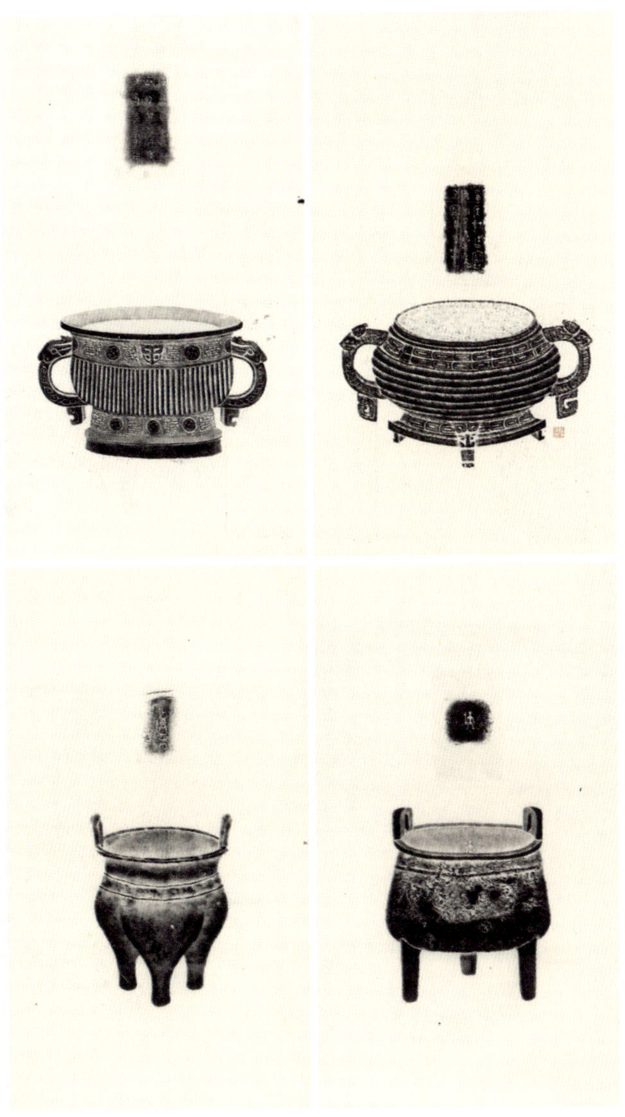

陈介祺拓制的全形拓

后拭石，完者以浓芨胶上纸，干后以白蜡先微拭之，再上拭墨，即有古毡蜡之意”[1]。

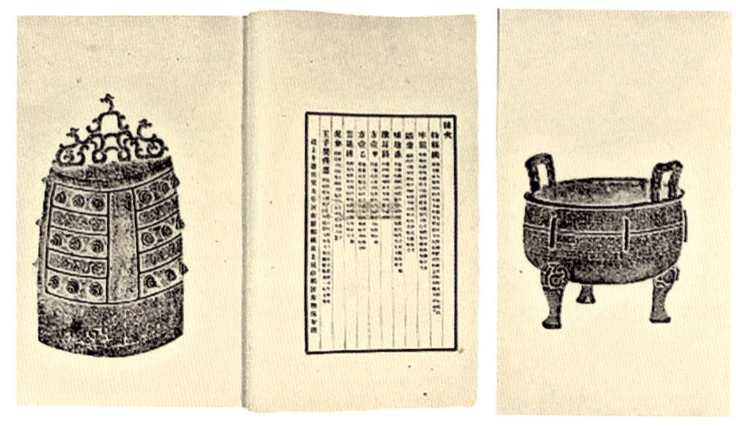

陈介祺《簠斋传古别录》（内页）

陈介祺拓的全形拓主要采用分纸拓法。全形拓根据传拓方式的不同，大致分为整纸拓与分纸拓两种。所谓整纸拓，就是选定一个能完美展现器物的最佳角度，确定各部位尺寸，然后运用透视、素描等技巧，在一张完整的拓纸上画出线描图，然后再把纸覆在器物之上进行墨拓；所谓分纸拓，

[1] 陈介祺《簠斋传古别录》，光绪元年滂喜斋丛书本。

则是指将器物各部位用多张纸分别拓出，然后去除拓片周围的多余部分，留下墨拓部分，最后按照事先画好的图稿进行拼粘，最终形成一幅完整的整体器形图。

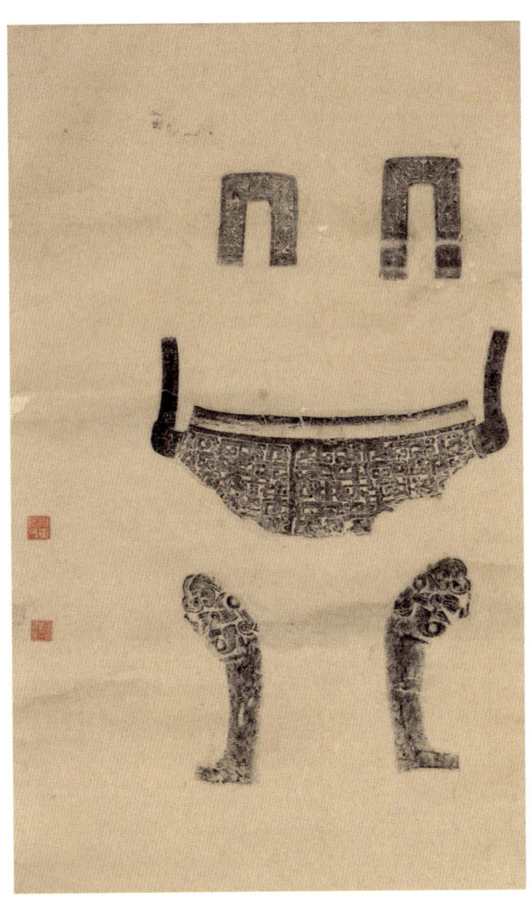

陈介祺的分纸拓法

陈介祺常用印章

陈介祺认为整纸拓不如分纸拓。在他看来，整纸拓法“似巧而俗”，且更容易变形和失真，而分纸拓法则能更准确地还原器物的结构，再现原器物的样貌。当然，在许多金石学家看来，这两种拓法各有利弊。如马子云在后来谈到陈介祺的拓法时，就认为陈介祺“所拓器形结构合理，浓淡适当，在技法上有很大进步，但有个缺点，即由于分纸所拓，容易散失”。

为确保图案的立体效果，陈介祺十分强调拓图过程中用尺子的重要性。他认为“拓图以记尺寸为主，上中下高低尺寸既定，其曲处以横丝夹木板中，如线表式抵器即可得真”[1]。正因如此，陈介祺的拓图方法相比释达受的“以灯取形”，无疑要准确许多。

陈介祺还极力提倡照相传古，这也使他成为了最早提出

[1] 陈介祺《簠斋传古别录》，光绪元年滂喜斋丛书本。

使用“洋相”来记录古器物的金石学家。当时，照相技术刚刚传入中国不久，陈介祺多次在书信中向好友介绍照相技术制作全形拓的优势。陈介祺在采纳各家拓法并予以发展完善的基础上，提出“作图用洋照”的想法，也为中国全形拓技艺走向成熟奠定了坚实的基础。

陈介祺对金石学和全形拓的发展贡献之巨，还体现在另外两个方面。一是他不仅自己夜以继日地沉浸其中不能自拔，

中国国家图书馆举办的“天将金石付斯人——清代收藏家金石学家陈介祺特展”

陈介祺拓曹望憘造像

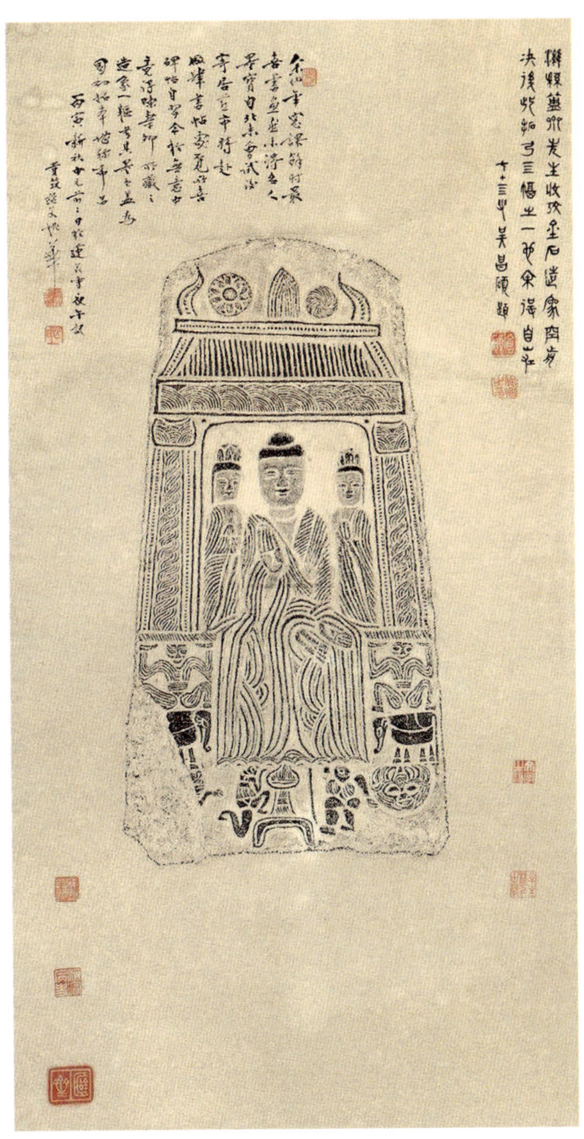

陈介祺拓石刻

而且在归乡后还招徕了不少助手和拓工，把拓法倾力传授给了他们，一方面保证了到手古器物能够被及时精拓，另一方面，许多拓工也在他的传授下成为了这方面的名家，如王石经、李泽庚、姚学桓等都是他带出来的弟子。二是他频繁与金石学者书函往来，交流传拓经验，互赠拓本，知无不言，言无不尽，不计得失地与他人合作传古，使得当时的金石研究更加深入，有力地推动了传拓技术的传播和发展。

07

陈介祺与毛公鼎

据说目前存世的毛公鼎拓片众多。虽然所拓对象相同，但拓片的布局、所拓纹饰的精细程度、铭文的清晰程度都存在很大差距。在这众多的拓片中，陈介祺所拓的陈氏拓片最为著名。

陈氏所拓《毛公鼎图》一般分为3个部分：上段为鼎铭，分4块拓出；中段为释文和后记；下段为器形。图面上一足在前，两足在后，全形准确，铭文清晰，可谓传世佳品。为何毛公鼎在陈氏手中能展现得如此淋漓尽致，将大国重器的庄严肃穆和传世国宝佳作的精巧技艺浑然纸上？这显然与毛公鼎在民间流落辗转时的经历有很大关系。

毛公鼎是西周晚期的青铜器，因作器者毛公而得名，清道光二十三年（1843年）出土于陕西岐山（今宝鸡市岐山县），现藏于台北“故宫博物院”。器高53.8厘米，腹深27.2厘米，口径47.9厘米，重34.5千克。口饰重环纹一道，敞口，双立耳，三蹄足，曾被誉为晚清“四大国宝”和“海内三宝”之一。

青铜器的铭文对于了解当时社会体制及社会风貌、分析当时生产力的发展水平等均有重要价值，毛公鼎作为现存世

毛公鼎

上铭文最多的青铜器，对研究中国冶金史、文字史和西周史等都有重要价值。毛公鼎铭文长度接近500字（有497字、499字、500字三说），在所见青铜器铭文中为最长。

毛公鼎的显赫地位源于它的主人毛公厝（铭文中为上“厂”下“音”）。他出身名门，他的祖先第一代毛公毛叔郑为周文王之子、周武王的胞弟。西周晚期，毛公厝地位愈加显赫。据郭沫若考证，周王非常信任毛公厝，并将军政大权托付给他，让他治理国家。毛公虽非君主，却拥有至高无上的权力。铭文可见，如果周王下达的命令毛公不同意，他可以告知臣子不履行周王指令。为了明确毛公的职权，周王还赏赐他柜（黑麦）鬯（祭祀的酒）、命服、车马、兵器等，真正做到了一人之下，万人之上，权倾朝野。

毛公鼎自出土后，颠沛流离，辗转各地。清道光二十三年（1843年），已在地下安眠了2000多年的毛公鼎突然被铁锹惊醒，重现于世。岐山县董家村的村民董春生在地里务农的时候挖出了一个铜疙瘩。由于出土时品相非常好，器身也相当完整，引来了无数的古董商人，有的甚至许下300两白银购下。

与董春生相邻的村民董治官听到这一消息，认为大鼎的出土地处于两家交界处，也想分得一杯羹，便将毛公鼎拦了下来，还把古董商人打了一顿才肯罢休。古董商人因为这一搅和，心生不满，状告知县，将董治官打入大狱，董治官偷鸡不成反倒是蚀了一把米。

有了这次经历，古董商人吸取教训，偷偷将毛公鼎转移到了陕西省会西安，卖给了北京永和斋的老板苏亿年、苏兆年兄弟。苏氏兄弟看到毛公鼎上近500字的铭文和完整的器身，深知得到了宝鼎，辗转运回北京，送至翰林院编修、嗜金石如命且有能力收下宝鼎的陈介祺家中请他进行鉴赏。但陈介祺怕藏宝过多，引来事端，便打消了收藏的念头。

清咸丰二年（1852年），陈介祺的父亲去世，他又动起了收购毛公鼎的心思，并花重金购入。自此，毛公鼎与陈家一起度过了平静又安稳的30余年。这期间陈介祺对外秘而不宣，就连拓片也仅拓了4张供研究之用。清咸丰四年（1854年），陈介祺的母亲去世。经历了名利场上的腐败与黑暗，陈介祺看到了清政府的腐朽破败，不愿再为丧权辱国的清政府继续效力，借口回乡为母亲治丧，离开官场，开

陈介祺毛公鼎全形拓

始了他的金石学研究。

自此，陈介祺把大把的时间用在了金石研究上。首先，他为毛公鼎制作了4张全形拓拓片，以方便自己对毛公鼎的研究。毛公鼎器形精巧，铭文直通腹底，上下连接，若使用传统方法进行传拓，难免会出现重字、漏拓的现象。针对毛公鼎的铭文，陈介祺在传拓时反复琢磨，并将自己的心得体会写在《传古别录》中："上纸有极难者，鼎腹为甚，必须使褶皱不在字。"为了使"褶皱不在字"，他将拓纸仔细设计，按照纹理将褶皱处剪出缺口以避铭文，使剪口分布在拓纸的边缘，保证铭文的完整与准确。对于这种传拓方法，容庚有如下点评："毛公鼎器大字多，上纸极难。陈氏分两纸拓，略有拼凑，确能使褶皱不在字；又有首末各行重出数字者，非细辨莫知，诚为佳拓。"[1]此种拓本几乎不见重字，且每行都能完整地释读出毛公鼎的原文释义，为毛公鼎的研究带来极大便利。这是对毛公鼎铭文的第一次全面而完整的记录和阐释，对西周晚期政治史的研究具有重要意义。毛公

[1] 苏金成，穆青.晚清民国时期金石传拓技艺发展——以毛公鼎拓本形制演变为例[J].书法，2020(03):160-165.

鼎铭文笔法精严，结构劲健，疏密有致，对于金文书法的研究也是不可多得的宝贵资料。

08

周希丁与全形拓

周希丁（1891—1961年），原名家瑞，又名康元，江西临川人。早年在琉璃厂开设古光阁古玩铺，中华人民共和国成立后曾在首都博物馆等单位任职，负责古器物的摹拓和文物的鉴定。他为传拓，曾在1915年参加过画法研究会，学习过西方透视，并曾亲手拓制过故宫武英殿、宝蕴楼及私家所藏铜器，以及玉器、甲骨、陶器、玺印、封泥、钱币、

周希丁拓商代铜觚

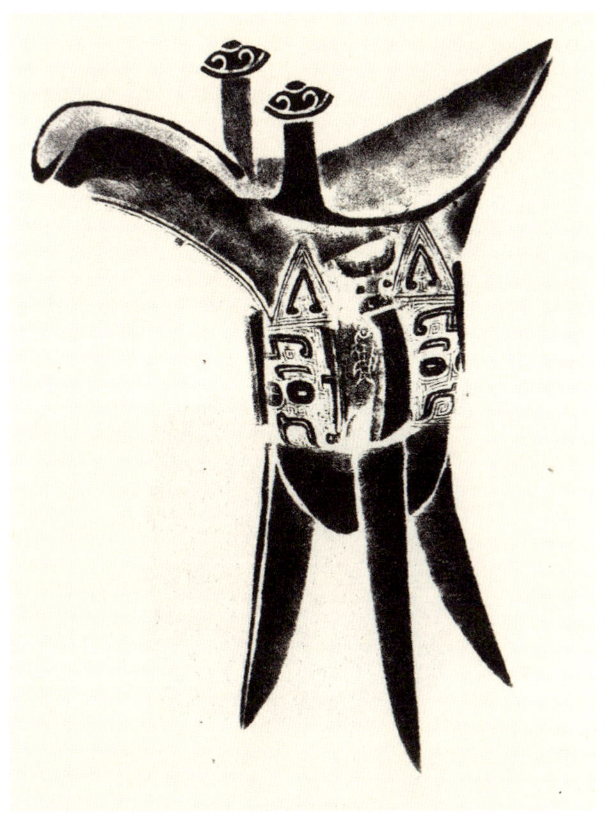

周希丁拓鱼爵全形

石经、砚、墨等器物款识，由于经验老到，故能察其演变之迹，自成风格。

北京故宫博物院和台北“故宫博物院”所藏青铜器全形拓大多出自周希丁之手，而散氏盘拓片就是其中之一。现存

散氏盘拓片主要有三大类：一类是清中期散氏盘入内府前的拓本，一类是民国时期（1924年）溥仪的赏赐本，一类是民国时期（1925年后）故宫博物院的拓本。而其中的后两者都与周希丁有关。

1924年，散氏盘重现之际，溥仪便命周希丁用六吉

周希丁拓散氏盘

绵连纸传拓50份，分赐重臣。这应该是传世史上最早的全形拓本。在拓本上，钤有“养心殿精鉴玺”“希丁手拓散盘”“金溪周希丁所拓吉金文字印”等三朱文印。此乃溥仪赏赐本的由来。而后的故宫博物院拓本，所钤“故宫博物院古物馆传拓金石文字之记”的朱文印，也证明这是周希丁等

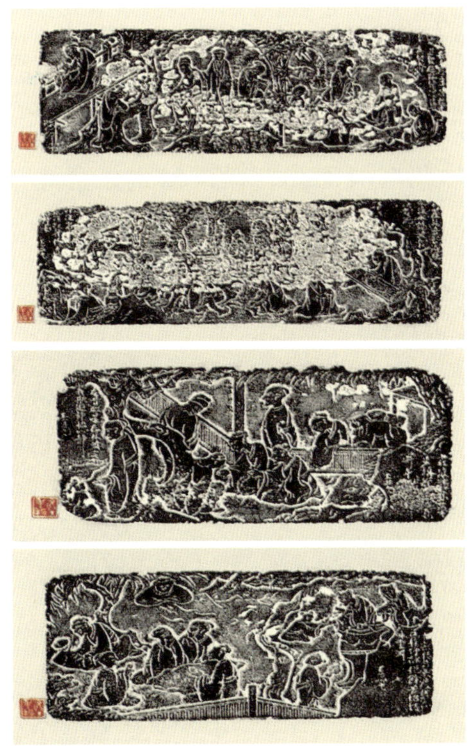

周希丁拓兰亭砚

人传拓的。

散氏盘与毛公鼎、大盂鼎、虢季子白盘并称“晚清四大国宝”，它们均以长篇铭文和精美书法著称于世。作为国宝，散氏盘的命运则有些扑朔迷离。话说，乾隆时期陕西凤翔出土散氏盘，后被扬州盐商洪氏私家珍藏。清嘉庆十五年（1810年），两江总督阿林保将此盘作为祝寿贺礼进呈嘉庆帝，进入内务府收藏。历经道、咸、同、光四朝，宝物却不翼而飞。直到1924年溥仪出宫，散氏盘才又重现人间。后在抗战期间，散氏盘南迁台湾，现藏于台北“故宫博物院”。

除了传拓青铜器外，周希丁还曾传拓古砚。而这就不能不提到民国时期著名收藏家徐世章。徐世章乃民国大总统徐世昌之弟，他博雅好古，潜心收藏，尤好古砚。他嗜砚如命，就连盛放古砚的砚台盒，都是用上等名贵木材制作的，不难看出他对砚的心爱程度。

除收藏砚台外，徐世章还特别重视砚台的拓本。自1934年起，徐世章开始着手编纂所藏古砚砚谱，周希丁及其助手傅大卣为古砚制拓。周希丁拓砚不仅立体感明显、原汁原味还原古砚颜色，还能将砚面上细小的纹路惟妙惟肖地还原出来。他们拓砚讲究因材施艺，是什么颜色的砚台就用什么颜色的墨，因此拓片不输原砚。砚谱拓出来后，再由擅草书的徐世昌和擅篆书的徐世襄，或周希丁本人作序、题跋，详记藏品名称、形制、尺寸、质料、图案、铭文，考订旧有藏主身世、流传过程，记述收藏经过，装订成册，《濠园砚谱》由此编辑完成。但遗憾的是，砚谱因故并没有出版。部分砚拓后来保存在天津博物馆。天津博物馆举办的徐世章旧藏古砚及砚拓精品展曾展出古砚135方，拓片79件。

周希丁拓砚

著名金石学家陈邦怀评周希丁拓形方法是“审其向背，辨其阴阳，以定墨气之浅深；观其远近，准其尺度，以符算理之吻合”。如果说陈介祺是全形拓发展史上的关键性人物，那么，周希丁便是全形拓中的“集大成者”。史树青评价说：自陈介祺撰《簠斋传古别录》以来，周乃“集其大成”。可以说，周希丁堪称20世纪全形拓的第一大家。

周希丁除亲自传拓外，还带出了不少出色的弟子，如韩醒华、郝葆初、萧寿田、宋九印、马振德等。其中最小的徒弟便是傅大卣（1917—1994年）。傅大卣生前供职于北京市文物局，他能传师法，也是拓彝器全形的一等高手。

09

马子云与全形拓

晚清以来，传拓技艺得到了极大发展，全形拓更是经历了从无到有的转变。这一时期，西洋照相石印术、珂罗版印刷技术在中国逐渐普及，印刷技术在填补中国图像出版空缺的同时，对全形拓技艺的传播也造成了很大的冲击。

然而，也正是在这一时期，拓工们开始吸收由西方传入的透视、素描之法，并把它应用到全形拓技艺中，使全形拓发展到了一个历史的巅峰。随着照相技术的引入，拓片器形更加准确，花纹更加清晰、细致。

那么，这一技术是谁引进的呢？前文中我们谈到了陈介祺，说他是一位积极呼吁引进照相术的金石学家。在这里，我们再谈谈另一位风云人物，他便是全形拓领域较早使用照相术的金石学家，他的名字叫马子云。

马子云生于1903年，陕西郃阳人。1919年，马子云进京，在琉璃厂专卖碑帖的老字号碑帖铺庆云堂谋得一差事，开始接触碑帖拓本和传拓的相关知识，此后，一直在与金石碑帖打交道，一生笃学不倦。

在他的碑帖著录《石刻见闻录》中，他回忆自己早年自学全形拓的经历时是这样说的：“欲学传拓铜器之立体器形，即在各处求教，皆一一碰壁。无法，只好自己努力钻研，经过二年苦研，始能拓简单之器形。予仍继续努力掌握钻研，终于拓成一比较合理之虢季子白盘立体器形。”这里提到的虢季子白盘是西周时期的青铜器，其全形拓片是马子云的代表作品，也是20世纪60年代在鲁迅艺术学院几位青年学生的配合下，历时近3个月才完成的，现藏于故宫博物院。

马子云嗜好金石传拓，虽无人领路，学艺基本凭借自己领悟，却没有浅尝辄止，荒废一身功夫，反而是越钻越深，最后成为一代名家。据师从马子云的纪宏章回忆，20世纪30年代，马子云曾在陕西茂陵野外孤身一人风餐露宿半个多月，只为拓遍霍去病墓前的11座西汉大型石刻，这一行为在当时令许多业内人士瞠目结舌。

1947年，马子云受时任故宫博物院院长马衡先生邀请，受聘入故宫专门鉴定和传拓铜器碑帖，做相关的金石研究。据说故宫的全形拓技艺皆为马子云所传，他的爱徒纪宏章、周佩珠、张广泉等也都是他在这一时期培养出来的。现在，故宫博物院专门从事传拓工作的郭玉海则是纪宏章的爱徒，也是目前故宫能够掌握全形拓制作技艺的少数行家之一。

1973年，在马子云的主持下，对故宫院藏碑帖做了全面而系统的排比、定级、编目工作，最终将积累下来的经验编辑成《石刻见闻录》、《校帖随录》和《〈善本碑帖录〉补正》等。1986年马子云故去后，家属遵嘱将他收集保存的碑帖和手拓金石拓片约1800件，全数捐献给了故宫博物院。

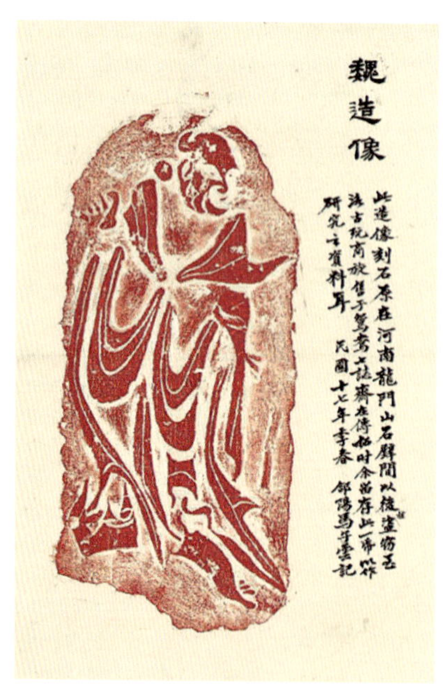

马子云拓魏造像

与其他大家不同，马子云的全形拓并无师承，所有技术都是来自个人体悟和自己的反复实践。马子云的全形拓最初也是通过目测绘图的方法来传拓的，从1950年传拓西周重器虢季子白盘开始，他尝试着利用相片绘图，再在铜器之上用传拓的办法制作全形拓。

这种“摄影拓”的传拓步骤是：先将拍摄下来的照片放大到与实物一模一样的程度，再拿纸笔勾出来轮廓，然后照着照片的比例去拓。由于照片具有立体感，相较实物是有微缩比例的，花纹也会出现变形，因此要照着花纹的铅笔稿，对照实物进行画面的压缩。压缩的办法就是一点儿一点儿地挪着拓。摄影拓的构图透视比例关系与照片完全相同，这种拓法可以使拓片更加逼真。

马子云拓西汉石马

马子云还将他在传拓方面的经验编著成《金石传拓技法》一书，从上纸、上墨、选纸、造纸，到选墨、磨墨几乎面面俱到，是一部典型的金石传拓技艺的实操手册。

关于上纸法，马子云认为，上纸之前的准备工作非常重要。比如，铜器分为“生坑”和“熟坑”两种。新出土的铜器俗名“生坑”，若把铜器表面的铜锈去掉，便成

“熟坑”。在传拓“生坑”铜器前，须先把器体表面上的黑黄铜锈去掉，用热水洗刷后才能上纸，否则花纹、文字就会模糊不清。若是上过蜡的铜器，则须先用热水清掉石蜡，再擦白芨水上纸。所以，在传拓器物之前，首先应该弄清该器到底属“生坑”还是“熟坑”，器体是难拓还是易拓，应如何去拓，要做到心中有数，以防止传拓过程中出现问题。

用纸与选墨也是很有讲究的。拓铜器、玉器应尽量设法选用旧纸，如传拓时正好有纸疙瘩在器体的铭文或花纹处，则必须事先用针剔去。纸纹宜直勿横，横纹的纸拓大字尚可，若拓小字就不合适了。墨的选择也是选用老墨为好，新墨不行，仿造者则更差。马子云说，传拓用墨“最好能购到清代康熙、乾隆时御制墨最佳”，“同治、光绪时制造的或徽州老胡开文制造的五百斤油墨均可”。磨墨的砚台须大而平，不分季节均用洁净冷水磨墨，以端石砚为最佳。

马子云还谈到了如遇铜器铭文在鼎腹、壶腹、器腹上部或尊底等较难拓到的位置时的传拓经验，如果铭文藏于器腹上部隐处，或因器口较小，手伸进去就会挡住视线，所以无法用手拿扑子上墨时，可以“将扑子捆扎在竹、苇或细藤条的一头，然后伸入器内上墨”，这样就不会挡住视线了。如果是在隐处而又狭窄的地方，可以用镊子夹一个最小的扑子探拓，“如爵、角、斝的鋬（把手）内的字，可用此法”。上纸、上墨，他均有独到的经验和理解，几种方法灵活使用，最终的目的就是尽可能完整、精确地展现器物的原貌。

书中还用专门章节谈及了全形拓。马子云拓全形的技法非常成熟，先观察器物形态，辨别阴阳，用卡尺量器，根据器形和量的各部位尺寸成一图稿，然后用白芨水上纸，开始拓制。他有一套自己的施墨技巧。他认为传拓花纹的边际时，墨色宜淡不宜浓，并且在花纹之间不可拓墨，否则就会尽失原形。器物凸出的地方施墨要浓，凹下去的地方要淡，如器形上大下小，墨色就应由上而下逐渐由浓转淡；如为凹槽形，则两边墨色宜浓，中间逐渐淡，这样立体感才能显现出来；如凸出一条半圆形的棱（俗称泥鳅背），那么中间墨色宜浓，两边的墨色应逐渐淡下去。

马子云一生在传古上可谓不遗余力，乐在其中。在金石学逐渐建立起自身的学科体系的过程中，他作为专门从事传拓工作且身怀绝技的传拓专家，为金石学做出了重要贡献。

10

冰社有群“发烧友”

文人雅集活动自古就有，说白了就是今天的沙龙。通常是一群趣味相投的文人雅士聚集在一起，吟咏诗文，议论学问。这种小圈子的集会形式便于思想交流、观点碰撞，文化氛围很浓。到了清代，结社虽然被禁止，但由位高权重之朝廷大员主持的小规模聚会依旧层出不穷。当时，这种雅集又叫“文宴”。到了民国时期，文人雅集活动更为盛行，北京、天津、上海等地均涌现出了大量书画金石社团。

在民国时期，有一群学者对拓片的研究几乎痴迷到了“走火入魔”的程度。据说，琉璃厂就发生过这样一个故事：有一个人为了逗这些学者，用芝麻烧饼拓了一张拓片拿去卖，学者们纷纷以高价抢购，认定这是一个重大发现，须好好研究拓片上面的字。当时金石考据之风的盛行，由此可见一斑。“冰社”便是这一时期北京地区有名的金石书画研究社团之一，其知名度在当时可与西泠印社相媲美。

1921年端午节，易孺、罗振玉、丁佛言、马衡、寿石工等社会各界40余位名人发起成立冰社，开展学术研究活动。易孺任社长，周希丁任副社长，孙壮、柯劭忞任秘书长。那么，社团为什么取名“冰社”呢？这里面还有

易孺

罗振玉

丁佛言

一个典故。在《荀子·劝学篇》中，有句名言说："冰，水为之，而寒于水。"这当中便有了后人超越前人的心气和追求，和百尺竿头更进一步的远大抱负。当时的社址设在北京琉璃厂54号，这也是当时的副社长周希丁在琉璃厂经营的古光阁的后院。由于社友都在北京，聚会时间定在每周的周六和周日两天。

冰社的成员构成非常复杂，有民国时期的官吏柯劭忞、清代遗臣罗振玉，有精研书画金石古文字的学者易孺、周希丁、马衡，也有清朝宗室溥伦，戏剧表演艺术家梅兰芳、尚

小云，等等。溥伦最初并不是冰社的成员，但他收藏丰富，嗜好商周彝器，因请周希丁为其藏品拓墨，便与冰社有了交集，最后成为冰社会员。尚小云、梅兰芳这些戏剧表演家的入社，则更多是为了得到各方面的学习机会，汲取艺术营养。

使社会各界名流会聚冰社的是他们对金石书画研究的爱好。每到周末，参加集会的社员们便会携带所藏金石文物到会，一起考释文字，鉴别年代，交流切磋，互赠拓本书报，互通学术消息。在冰社开展活动期间，社团的学术交流并未局限在社友内部，他们积极传古，辑成书籍并出版销售。在成员们的共同努力下，社友罗振玉《雪堂所藏吉金》二百五十七器，陈宝琛《澂秋馆藏器》六十九器，冯恕《玉敦斋所藏吉金》二十四器，孙壮《读雪斋藏器》四十二器、《埙宝藏陶》三十器，以及徐鸿宝、马衡所藏汉魏石经残字等，均由周希丁制成拓片，辑录成书出版。陈宝琛辑成的《澂秋馆印存》，以及陈介祺曾孙陈文会选钤《十钟山房印举》，经陈叔通介绍，由商务印书馆出版。社员丁佛言是一位古文字学者，在同社社友陈文会、姚华等人的帮助之下，撰成《说文古籀补补》，这是后世研究古文字的重要参考书。这些书籍以及其他零星拓本在海内外流传，产生了不小的影响。

1921—1926年是冰社的活跃时期。进入20世纪30年代后，随着抗日战争的爆发，社会动荡，社员或离世，或四散各方，至1941年，冰社完全停止活动。冰社的活动对北方地区印学的兴盛，对金石考证与交流，以及为后世保存学术资料，均起到了积极作用。

11

周希丁与他的弟子傅大卣

金石传拓技术从清代开始，经过马起凤、释达受、陈介祺等人的完善，在民国时期已经达到了一个十分成熟的阶段。周希丁继承了前人的传拓技术，并有所发展。他尤擅拓全形，将西洋画透视技法用于全形拓，各部位比例较之前人更加精准，冰社内部如需传拓古器，都邀请周希丁来拓。

周希丁收徒数人，有韩醒华、郝葆初、萧寿田、宋九印、马振德等，其中年龄最小，也是与他最亲密的徒弟，名叫傅大卣。

傅大卣（1917—1994年）是河北三河县人，15岁来到北京琉璃厂古光阁做学徒，师从周希丁。治印、传拓本就是古光阁的主营项目，在做学徒期间，傅大卣不断钻研传拓技法，从周希丁处继承传拓技艺，还在冰社成员相互切磋的过程中学习到了鉴别文物、古文字、中国古代历史等各个领域的学问。据说，傅大卣拓砚“不但能拓全形，而且端砚能拓出眼，歙砚能拓出纹”。陈邦怀先生曾赋诗相赠，谓周门弟子，唯大卣能光大其业。

傅大卣不光才华出众，而且十分努力，数十年如一日，始终未在治印传拓这条道路上有所懈怠。当年，冰社成员所藏吉金并不是都位于北京，而是四散各地，比如罗振玉藏器多在天津，陈宝琛藏器多在福州。周希丁便带着弟子长途跋涉，亲至各地拓墨。民国初年任大总统的徐世昌，有一个弟弟名叫徐世章，家藏古砚1000多方，傅大卣就随周希丁住在天津为徐氏拓砚谱，前后达6年之久。

傅大卣像

种种机缘和经历，让傅大卣与大量难得一见的珍贵文物打交道，增广见闻，这对于提高文物鉴定的本领起了很大的帮助。

傅大卣就这样一点一点从学徒做起，中华人民共和国成立后，他成为我国的文物鉴定专家，曾任国家文物鉴定委员会委员、国家文物局流通文物专家组成员、中国历史博物馆

傅大卣拓鼎

文物鉴定顾问、故宫博物院文物鉴定顾问等，1986年受聘为国家文物鉴定委员会常务委员。

据于连成先生回忆，“傅大卣是一位严肃的老先生，总板着个脸，平时话不多，但懂的东西多，尤其擅长青铜器和杂项的鉴定”。傅大卣深厚的鉴定功力为国家挡住了赝品，也抢下了不少真品。比如20世纪60年代末，海外有人向国家捐赠“传国玉玺”，有人就此事向他求证，他表示这是无稽之谈。因为他知道，1098年在陕西发现的所谓的“传国玉玺”是宋代蔡京一手导演的骗局，此后所传的“传国玉玺”没有一件是真的。后经证实，海外那一件也是赝品。再比如，1973年中国进出口商品交易会期间，傅大卣从北京外贸公司准备外销出口创汇的玉器中拦下了2800多件玉器，其中有几件堪称国宝；他还从天津外贸公司准备出售的玉器中拣出了一块西汉的白玉透雕兽纹璧，国内也是仅此一件，后由天津博物馆收藏。诸如此类的事件不胜枚举。

傅大卣

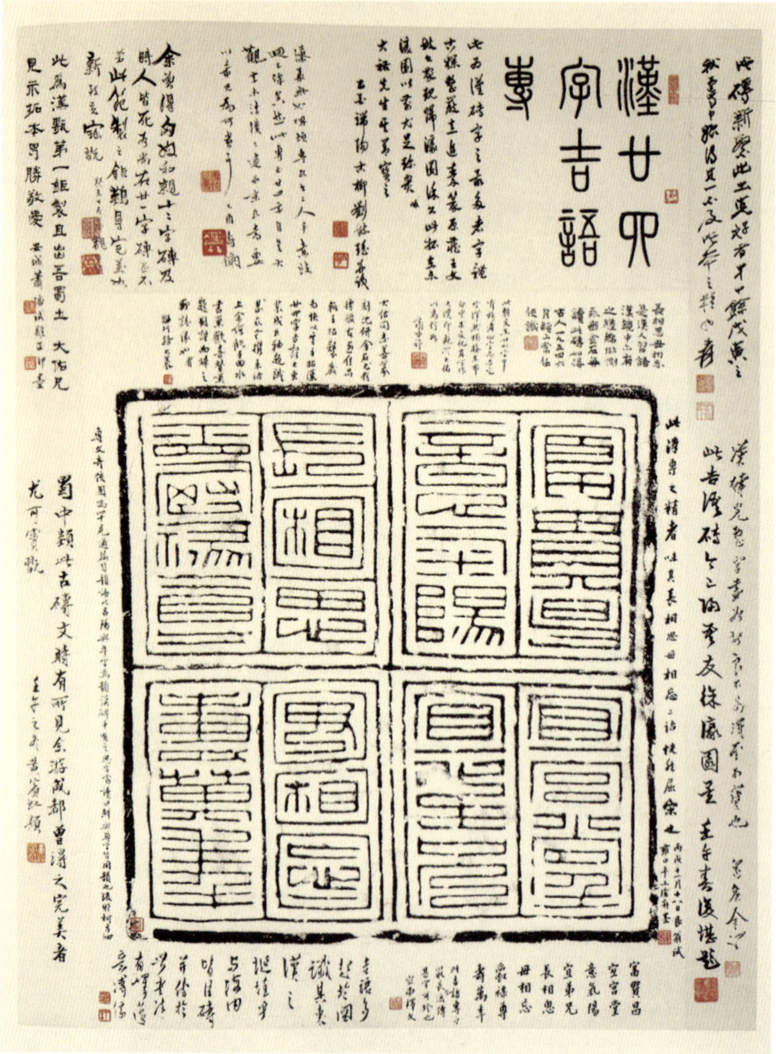

傅大卣拓 24 字吉语砖

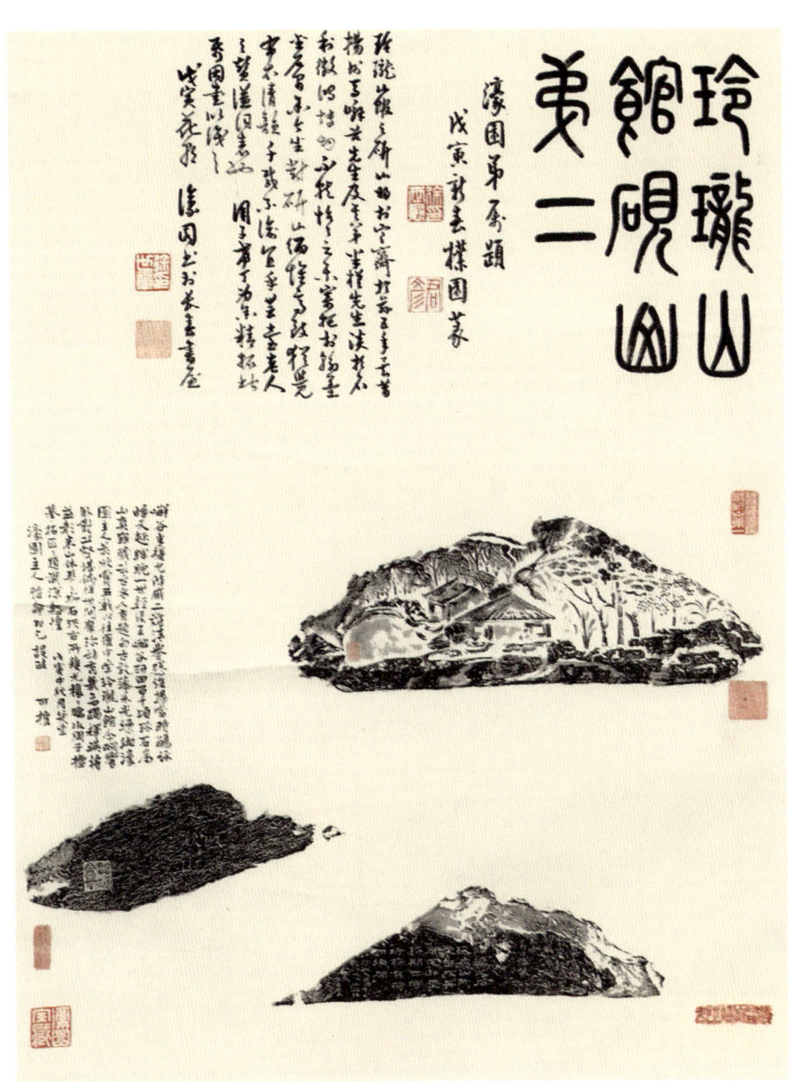

傅大卣拓玲珑山馆砚

傅大卣还是著名的书法家、篆刻家、传拓大家，其中最难的全形拓技术更是他的看家本领。吉金器物凡经他手所拓，他都自留一拓片，不计算散失的数目，居然还留下了数万张拓片。傅大卣所辑成的《大卣集古录》则收印谱万方之多。难以想象，这些数量庞大的工作，需要一个人花上多少时间和精力才能完成？

傅大卣于1994年8月病逝，一生不慕荣利，勤恳工作，为我国文物事业做出了巨大的贡献。

12

贾文忠与他的老师傅大卣

全形拓这门技艺在墨拓技艺中要求最高、难度最大，它不仅要求拓工具有丰富的平面传拓经验，还要求其具备金石学、绘画、青铜修复等方面的素质。因此，从清乾嘉之际有全形拓起一直到现在，擅拓全形的拓工就一直不多。经过马起凤的首创，释达受的推广，陈介祺、吴大澂等人的发展，再到周希丁、马子云等人的革新，全形拓技艺日臻成熟，终于走进当代。

在古代，痴迷于全形拓的大多是文人士大夫阶层，传拓的技艺以血缘或师徒的形式辈辈相传，流动性较弱。书画家、篆刻家、金石收藏家、古文字研究者等各界学者专家，不仅集藏器、鉴别、传拓于一体，而且能够交流互通学术成果，虽然圈子不大，但仍然有助于技艺的发展。中华人民共和国成立以后，严格的阶级分层被打破，不同职业之间界限逐渐模糊，人们的生活方式、生产方式发生了翻天覆地的变化，收入来源越来越多种多样。因而，全形拓生存、发展的社会环境与文化土壤已经发生了很大的变化。全形拓技艺操作难度高，费时费力，投入与回报难成正比，种种原因使得这个原本受众就比较狭窄的圈子变得更加小了。时至今日，掌握全形拓技艺的专家大多是曾经的传拓大家的弟子。

如今，能够较好而完整地把这门技艺传承下来的专家大致可以根据师传分为两脉：一脉师承周希丁及其弟子傅大卣，一脉师承马子云。在技法上，他们又各有发展，让全形拓在当代焕发出新的生机与活力。

贾文忠是傅大卣一脉的传人，也是当代全形拓名家。贾文忠的全形拓兼具技法与美感，不仅技法成熟、经验老到，而且集传拓和颖拓于一体，时常在器形图周围配上一幅小画，或添上几行书法，与金石古韵相结合，看上去禅意盎然。

贾文忠博采众长的风格显然与他拜师各界大家的经历是分不开的。他不单跟傅大卣学习治印和传拓，还向康殷请教治印和颖拓，跟魏隐儒、马宝山学习书画碑帖，跟程长新、赵存义学习青铜器、古墨、陶瓷方面的知识。正是这些不可多得的经历，提升了他的艺术素养，为他的全形拓增色不少。2011年，受国家文物局委托，贾文忠为伯矩鬲拓制全形拓片，作为礼物赠予法国前总统希拉克。

13

马子云与他的弟子纪宏章

马子云一脉的传人是他的弟子纪宏章以及纪宏章的弟子郭玉海。二人均供职于故宫博物院。

纪宏章

纪宏章20岁来到故宫当讲解员，22岁那年开始跟马子云学传拓。恰好二人都是陕西人，所以除师徒关系外，还多了那么一份说不出来的亲切感。那些年，纪宏章跟随马子云去陕西拓碑，走遍了陕西全省，拓遍了他们所能看到的所有的汉唐石碑。在这个过程中，纪宏章掌握了传拓的基本功。

纪宏章非常重视文物安全，在职期间传拓了大量珍贵文物。他对拓片的要求也非常严，如他拓制的“作宝彝”簋，不仅器形比例和谐，施墨均匀，细节清晰，而且还多了一番古意。据郭玉海说，1984年，纪宏章为配合故宫铭刻馆展览所拓的石鼓拓片，居然比明清前人的石鼓拓片多拓出来两个字，这在金石界算是一件大事。1990年纪宏章离休，进入中国博物馆学会工作，任秘书长。

纪宏章带徒弟的方式与他的老师马子云截然不同。他选择手把手教，先让徒弟自己干，即使发现问题也会先憋着不说，等到了一定程度，再给予适当指导。他对徒弟的要求也十分严格，要求他们必须按照他教的方式来做，每一个细节都要到位。就这样，他培养出了一位得意弟子，这位弟子就是郭玉海。

郭玉海生于1964年，北京人。18岁起开始跟纪宏章学拓，而且一干就是几十年。由于心灵手巧，且真心喜爱这门手艺，再加之师傅也非常看好他，所以进步飞快。后来，郭玉海被调到故宫博物院研

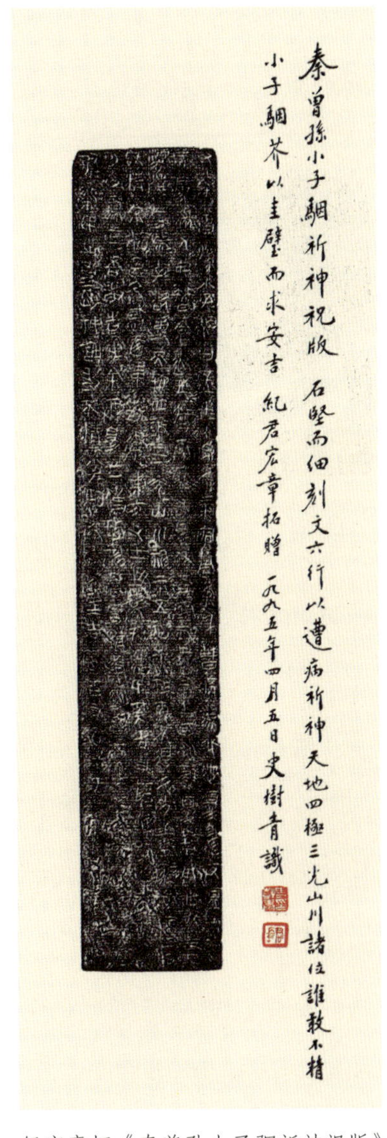

纪宏章拓《秦曾孙小子骃祈神祝版》

究室，1986年又被调入金石组，专职从事金石传拓工作，同时兼库房文物保管员，现为故宫博物院研究馆员。

郭玉海

郭玉海在故宫工作了20多年，基本上拓遍了故宫内有名的青铜器。经过多年传拓，他也总结出了一些小小的“规律”：在对小件器物表面浅浮雕进行传拓时，真正的难度在于层次，所以，要尽可能把拓片还原成有无限层次的山水画的感觉。郭玉海拓全形，用墨上讲究浓淡适宜，过渡自然，有光影变化。

除故宫博物院的传拓专家外，甘肃省博物馆的周佩珠也曾师从马子云学习过全形拓，且颇有建树。2003年，她受保利艺术馆邀请，拓制王作左守鼎的全形拓。近年出版的《传拓技艺》中收入了她20世纪80年代以来的多件全形拓作品。另外，张广泉也曾师从马子云学习全形拓，张广泉的弟子贾双喜为甲骨传拓专家，现供职于国家图书馆善本特藏部。

14

照相术无法取代全形拓

全形拓自兴起，一个不变的宗旨就是为了记录、传播古器的原形，便于金石学的研究。有人曾对释达受的全形拓提出质疑，认为这就像“粉黛饰壮士，笙匏佐鼙鼓”。对此释达受的回复是：“天下鸿宝重器必不能尽归吾有，即有之亦不能动与身俱骋我。巧思肖彼形，一室之中，千里之外，届时展对，不啻诸器物错杂罗列于前，遇二三同志，相与赏奇文，析疑义。使其著书传后，如《博古》《考古》之所为。肃穆谨严，当更有义例在，岂六舟之好古如命而或不喻此。”正如释达受所说，天下重器不可能尽归一人所有，即或家藏古器，也不可能走到哪里就带到哪里。“见拓如见器”，全形拓片解决的正是这个难题。在照相技术传入以前，金石学家和拓工们就是为了如何忠实、准确地将古器呈现在拓片上而苦思冥想，日

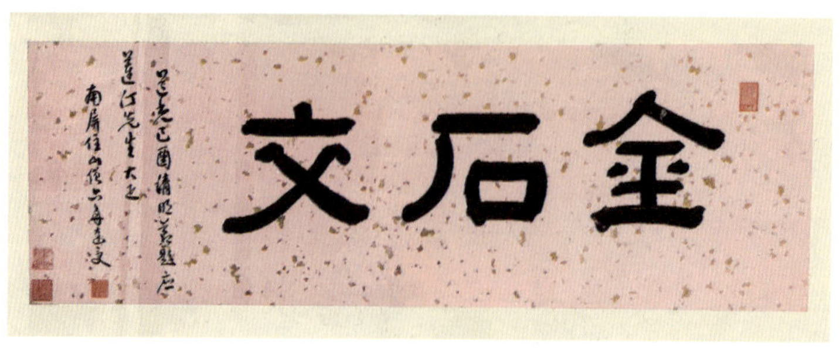

释达受书金石交

夜捶拓。

那么，照相技术风行以后，全形拓就失去了存在的意义吗？当然不是。

1844年，法国海关总检察官于勒·埃及尔将摄影术带入中国，但由于种种原因，摄影技术并没有立刻在中国发展起来。之后的几十年时间里，摄影术从东南沿海城市逐渐传到北方的北京、天津等城市，再传播到其他地区，中国官员、学者陆续掌握了摄影技术和知识。等到19世纪末，摄影术才算真正在中国风行起来。

而这时，全形拓也正发展得如火如荼，陈介祺、吴大澂等学者已经将全形拓的技艺发展到了一个比较成熟的阶段。全形拓本应受到照相印刷的冲击，但出人意料的是，它却在清末民初达到了鼎盛时期。一种艺术形式的繁荣发展必然是当时社会生活的生动反映。这一方面得益于民国时期城市经济短暂繁荣，生活的富足使晚清以来研究金石的热潮得以延续。另一方面，全形拓的流行与民国文人爱好书画、鉴古赏古的审美需要是分不开的。新文化运动时期，西式艺术教育引进和普及，学者专家有的掌握了素描技巧，有的以摄影术

和相片为辅助拓全形，使得全形拓在技术层面上更进一步。

从技术层面上来说，近代以来，全形拓记录吉金原形以供研究的功能已经基本达成了，人们通过一张拓片就能够基本了解器物的原貌，获得器物里的文字信息。而后人做出的改进更多是在于如何艺术地表达。例如，素描让器形变得更加立体、比例更加科学；摄影术辅助传拓，帮助器体细部拓得更加真实细致。

清代的陈介祺十分推崇分纸拓，他认为分纸拓相比整纸拓，能够更准确地还原花纹，这是从技法的层面，也是从全形拓最原初的目的来考虑的。但民国时期的周希丁、马子云，包括当代的传拓专家，基本都以整纸拓为主要方法。一部分原因在于整纸拓更要求拓手观照器物整体、把握器形的能力，对拓手的素质和能力要求更高。拓手们开始追求更高的目标，墨色浓淡、光线变化、古拙韵味、名人印章题跋……可以说，全形拓从最初的“准确立体地记录原器”，到后来的“审其向背，辨其阴阳，以定其墨气之浅深；观其远近，准其尺度，以符算理之吻合”，已经逐渐脱离了“复制品”的定位，完成了向“艺术品”的角色转换。

15

“拓”上加“画”：一门新艺术的诞生

严格地说，全形拓并不是吉金彝器的“复制品”，因为无论是整纸拓还是分纸拓，都无法做到与原器完全相同，必然会牺牲一部分真实性，这是无法避免的。

全形拓本就是“拓”与“画”的结合，立体的器部、花纹有时需要借助绘画描补完成。以马子云的代表作虢季子白盘全形拓片为例，该作品中部的兽环部分就并非原拓，而是描补成的，正因难度太大，出于对器形整体效果的考虑，有时不得不无奈为之。

“画”有两重含义。一重含义是描画，即拓手在拓前构型、细节填补的过程中必须要使用一些绘画技巧，将器体勾勒、描画出来。郭玉海在《取象与存古——晚清全形拓的两种审美视角》一文中写道：“……因为全形拓在本质上更多的是考量制作者绘画的功力，而非传拓的功力。受中国画法局限，描制器物准确线图一直是晚清全形拓的短板，这种情况直到清季西法素描逐渐普及，才有较大改观。”[1]绘画的功力在全形拓技法中处于举足轻重的地位。

[1] 郭玉海.取象与存古——晚清全形拓的两种审美视角[J].故宫博物院院刊，2017(5):152.

另一重含义则是拓手在拓的过程中，通过掌握捶拓的轻重和墨色的深浅，而让拓片呈现出一种绘画的质感。《古今论衡》中曾介绍傅万里先生的全形拓技术是“以扑子作画的全形拓技艺”。“以扑子作画”是对拓的艺术的精妙总结。一件好的全形拓作品，不仅器形科学合理、立体感强、纹理清晰、细节完整，而且施墨有轻重之分，墨色的层次带来光线明暗变化的审美感受，连蜿蜒的锈迹都别有一番气韵。同样一件古器，不同的拓工可以拓出完全不一样的效果，有的拓片墨色过于单一均匀，看起来缺乏起伏变化，缺少厚重感；有的拓片则能彰显青铜器雄浑庄严和古朴肃穆的美感。这不单考验拓手的技艺水平，还考验他们的审美眼光。

可见全形拓的功能和价值是摄影技术无法取代的。即使是先摄影、后传拓的“摄影拓”，也并不是为了使拓片朝照片靠拢，成为照片，而是吸收摄影术的优势来弥补全形拓的难点。一张青铜器的照片，可能由于距离、阴影、像素等问题无法清晰再现器体的质感、花纹和文字部分的细节；而全形拓是紧贴在器物上进行传拓，细节更加真实细致，更不必说拓片自身的审美价值了。

16

黄牧甫与他的博古画

博古画是杂画的一种，也是专门摹写古代器物形状之绘画的一种。北宋时，宋徽宗命大臣编绘宣和殿所藏古器，修成《宣和博古图》30卷。后人因此将绘有瓷、铜、玉、石等古代器物的图画统称“博古画”。博古画多以传统松、梅、竹、菊等高古清幽花卉为题材，并与甲、金、籀、篆等文字巧妙地组合在一起，入微地描绘出鼎、罍、爵、彝等青铜礼器、古玉美瓷等稀世珍宝，使人产生“观一画品味三界”的古典情趣，并有博古通今、崇尚儒雅的寓意，常用于书香门第或官宦人家的宅第装饰，这也造就了它在艺术品投资领域中不俗的地位。

博古画中的钟鼎、青铜礼器是一种颇具文化气息的文物。它们的造型和纹饰往往都能反映出一个时代的繁华与儒雅，所以很多画家都喜欢画一些“赏宝图”。晚清金石学家在致力推广全形拓的同时，西洋写真也在器物全形绘图中异军突起，而集大成者当数晚清黟山派篆刻创始人黄牧甫。

黄牧甫（1849—1908年），安徽黟县人。原名士陵，字牧甫，亦作穆甫、穆父，别号黟山人、倦叟、倦游窠主，是中国晚清时期的书画篆刻家，也是篆刻“黟山派”的开宗大师。他早年曾在南昌照相馆谋生，对光线影映的效果极为敏感。他曾于清光绪十一年（1885年）在北京国子监就读，在此期间，他观摩了大量的古青铜器实物，这不仅对他的印学有很大帮助，对他绘画技艺的提升也起到了至关重要的作用。后期的黄牧甫与吴昌硕同在吴大澂帐下做幕僚，他

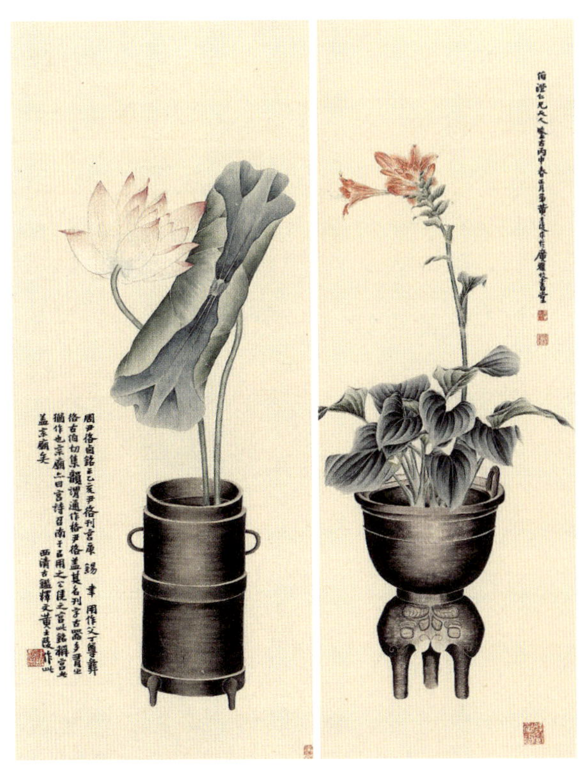

黄牧甫博古画（一）

以深厚的文字学功底与渊博的金石知识打动了吴大澂，吴大澂让他参与到了自己著作的编辑工作之中。利用这个机会，黄牧甫看遍了吴氏所藏青铜彝器及珍玩古物，这使得他的综合鉴赏能力得到了很大的提升，并为他日后手绘博古图奠定了坚实的基础。黄牧甫与端方等金石收藏家亦极熟识，他曾受端方之邀为他编辑《匋斋吉金录》。此外，他与张之洞、梁鼎芬、符子琴、褚德彝等名士硕儒也有很密切的接触。

黄牧甫的绘画作品在他传世的各类艺术品中所占比例是最少的，这说明绘画对于他来说只是小事一桩。然而，就是这些绘画作品，放到近现代中国绘画史中，也仍然能给人独树一帜、耳目一新的感觉。黄牧甫博古画中器物的制作方法并不是全形拓，这可能是他出于保护器物的想法。从他的绘画看，我们很容易推断出一个结论：他很可能是中国近代中西画法相融合的先驱。黄牧甫对古器很有研究，对画钟鼎、青铜器之类也情有独钟。他所作博古画多取《西清古鉴》为粉本，以传统工笔法结合西洋写真术为之，线描构图精准，所选器物精美绝伦，加之水墨烘染有姿，设色雅致醇厚，图绘层次分明，透视光感不俗，所以他的博古画非常耐人寻味，即使是纯粹的水墨博古，也能表达出墨分五彩的丰富境界。再加上辅之以书法篆铭、行楷考释、花草点缀，使他的绘画别具一格。由于黄牧甫对青铜器物的熟悉，加之他具备很强的“写实”功力，所以他笔下博古画中的青铜器虽不是采用真正的“墨拓”制作而成，但绘制造型准确，能表现出器物所具有的真实的立体感和质感，传达出了青铜器物应有的内在神韵。20世纪中叶，黄若波在《大公报·艺林》撰

黄牧甫博古画（二）

文指出："黄氏以西洋画法入中国画法，自然而不牵强，既不同于郎世宁，亦不同于日本画法用线条勾勒，阴阳向背，略施洗染，画法新颖，是从写生得来，最难得的是有雅致，无俗气。"在2005年春拍中，黄牧甫绘制的《博古图》（4幅）立轴，分别展现了"宋公钟""周伯师鼎""周文王鼎""日入八千壶"4件青铜器，估价3.5万~4.5万元，成交价则高达8.58万元，可谓一时无两。

博古画不仅能使我们深深地感受到金石学兴盛所带来的金石文化的繁荣发展，也能让人们以另外一种形式去见证中国历史上的金石文化所带来的另外一种文明。由于黄牧甫吸收了西洋画法，作品更趋写实，所以他的博古画作品更具史料价值与文献价值。著名美术家薛永年称这种作品是"把拓与绘结合为一，既利用了传统资源，又赋予了新的意蕴，以独特新颖的形式，实现了'质沿古意而文变今情'的创造"。

17

全形拓的“真”与“假”

全形拓作品近年来在市场上备受追捧，藏家对于好的拓片作品趋之若鹜，争相竞拍。在这样一种市场环境下，市面上出现的全形拓作品往往真假难辨、良莠不齐，以次充好、滥竽充数的现象也屡屡发生，稍有不慎就会“踩雷”。那么如何分辨全形拓的真与假，如何评价全形拓的好与坏呢？这里有几个小技巧，供藏家参考。

全形传拓技艺从清嘉道年间传承至今，迄今虽有百年以上的历史，但传世佳作非常有限，具有很大的升值空间，所以仿造者甚多。这种仿制很容易混淆视听，从而造成行业乱象。

全形拓传世佳作一般来说选题考究、用料上乘，故在鉴赏时，很容易从以下几个角度来考量其真伪。

一是看拓片题材。对于传世拓片的鉴别，首先要辨别拓片中的文物信息。传世佳作中的器物多为国宝重器，有据可查，广为人知，如散氏盘、毛公鼎等，均为知名青铜器；甲骨、经幢、佛像等也经常被作为传拓对象。遇见此类全形拓拓片时，首先可通过器形辨其真伪。凡遇有此类耳熟能详的拓片题材时，若是出现“无中生有”“铭文错乱”等现象，

民国木刻版大盂鼎

就要留个心眼儿了。

二是看拓片用材。为了保证传拓效果，并便于创作，清中后期多用加了棉絮、蚕丝等的净皮纸。传世拓片经过藏家的把玩品鉴，或是经过岁月的冲蚀洗刷，古拓纸质会因年深日久而发生变化。这时作伪者会用染色手法将新纸做旧，如用茶叶汁、瓦花汁、淡墨水汁、明矾浆水汁等配合烟熏等手法，在纸色上大做文章。但经过染色的纸张，其色泽与真的旧纸相比，不是太过就是不及，与自然着色的拓片有着明显的区别。此外，考察拓片用墨也能发现不真的端倪。讲究的古墨，为使作品散发出清香，会在墨中加入麻油、猪油、广胶、麝香、梅片、冰片、珍珠、金箔等名贵中药香料，色泽如漆、香味浓郁，墨迹不腐不蛀，芬芳馥郁。

三是观察细部。好的全形拓作品必须在原器原物上进行传拓。而造假者由于得不到原器原物，只能用复制品传拓，这便失去了原件上所特有的金石韵味，失去了拓片的灵气。造假的方式是用木版或珂罗版进行仿制，造假者会将器物按立体效果刻在木版上，然后再用拓包将其拓在纸上。这样的作品很容易批量制作。真的全形拓哪怕是最熟练的拓工，也很难做到手劲完全相同，如果每张拓片的所有细部都分毫不差，则多半是伪作。如瀚海1996年拍卖的六舟木刻周鼎全形拓本，上有阮元题跋：“焦山周鼎，余三见之矣。此图所摹，丝毫不差。细审之，盖六舟僧画图刻木而印成鼎形，又以此纸本折小之以拓其有铭处乎？再细审之，并铭亦是木刻所拓，篆迹浑成，几乎无别，真佳刻也。阮元识。此鼎图大小不爽，余曾手掇，力不能及也。”由此可见，六舟和尚可能是在全形拓初拓后制成木刻，再进行传拓，才能保证此效果。

四是看题跋钤印。优秀的全形拓作品多出于名师大家之手，后流转于文人墨客、名流之士手中。故在创作之初，便有名人做题跋，后有藏家经手后，在拓片上加入自己钤章以示喜爱。1996年瀚海拍卖的一件西周毛公鼎全形拓本，上署年道光初拓本，不但有吴昌石、金石癖、松窗、古趣等众多名家钤印，还有吴昌硕、李国松、褚德彝、王福庵等大家的题跋。这些人均是近代书画、碑帖收藏界的大家，此乃真迹无疑。

总之，从步骤上讲，真正的全形拓一定会用料讲究，选

用上好的宣纸和优质的墨进行传拓，因为只有这样才能确保传拓的质量，使拓片作品经久不衰，从而具有传世的可能。

此外，传拓工作还须严格遵守《中华人民共和国文物保护法》规定，不能因传拓而给被拓器物造成任何毁坏，不能传拓已经被风化得很严重的文物，更不能因急于求成或是传拓技术不到位而给文物造成新的损伤。

18

话说颖拓

颖拓与全形拓都是让器物在纸质平面上呈现出立体效果的传拓技法。颖拓和全形拓虽在最终效果上相似，但两者的操作流程与方法却大相径庭。全形拓是在原器的原物上将传拓技艺与蕴含着透视原理的素描结合在一起，在传拓过程中利用墨色的变化营造出一种立体的传拓效果，而颖拓则更贴近书画而非传统的碑帖拓片。

颖拓中的“颖”，取自毛笔的别名“毛颖公”的“颖”，它的本义是指毛笔的笔尖。所谓颖拓，是指用毛笔的笔尖笔头在宣纸上点、画、抹、拓，用毛笔呈现出拓片的效果。颖拓技巧虽非传拓，但要求不露笔墨痕迹，就能使画面上的器物纹饰图案清晰、艺术风格明确。仅靠对照器物纹样便能将文物原貌复刻出来，这既要求作者有很好的书法功底，又要求作者有很高的艺术造诣，是一门讲笔法、墨法，重意境，求布局的综合性艺术形式。它的特点在“似摹而非摹，似仿而非仿，不必重规叠矩，分毫不失”。

追溯颖拓的诞生，离不开清末书法家姚华。姚华，字重光，号茫父，别号莲花庵主，贵州贵筑（今贵州贵阳）人。生于清光绪二年（1876年），卒于民国十九年（1930

年）。戊戌变法时东渡日本，就读于法政大学。归国后任邮传部船政司主事兼邮政司科长。入民国后，任贵州省参议院议员，后任北京女子师范学校校长。早年寓居北京莲花寺，是宣南画社的重要成员之一，在诗词书画、金石艺术等方面皆有造诣，被尊为“旧京都一代通人”。他收集金石文字，尤好篆、隶书法及绘画，善诗、词、曲。据说颖拓就是这位大才子发明的。他创作的传世作品颇多，是清末以后贵州士林中的佼佼者。姚华与京城梨园交好，曾为梅兰芳、王瑶卿、程砚秋等人的座上宾，被视为与王国维、吴梅齐名的“鼎足而三的近代曲学大师”。

姚华

颖拓类的技艺自古有之，响拓及双钩法与其关系紧密，但未经归纳汇总，表现形式单一。姚华始创的颖拓技法，沿袭融合了响拓和雕刻版印制碑帖的技法，取二者之长，融会贯通，构成精妙的颖拓艺术。

姚华在当时也算得上是京城名流了，但在辞去女师校长的职位之后，时逢动乱，收入不稳，家里上下九口人都靠他供养，生活难免拮据。但只要遇见自己喜爱的碑帖拓片，他还是会不惜重金购买下来。当时的文物金石碑帖极为珍贵，市值与京城四合院相当，姚华实在囊中羞涩，但也正是因为这个原因，逼着他把颖拓技术研究了出来。姚华的颖拓在当时是备受追捧的。举世闻名的戏曲艺术大师梅兰芳与姚华亦师亦友，曾跟着他学习过绘画。梅兰芳曾说："我爱画人物、佛像，曾画过如来、文殊、观音、罗汉像，就得到姚先生的指导。"姚华对梅兰芳的画也赞赏有加，他曾在《减字木兰花》中说梅兰芳所画山茶蜡梅"秀才风味，浅墨轻红都雅致"。并临摹其所作《达摩面壁图》有七八张之多。

姚华的颖拓作品题材大致可分为4类：一是书法，二是佛造像，三是青铜器，四是埃及残石。其作品多创作于盛年，晚年作品稀少，故流传于世者并不多。其中最有价值的要数《秦泰山残刻廿九字》。该颖拓依据始皇帝二十八年（公元前219年）《泰山刻石》，变原刻竖版为横版，加上陈叔通、陈师曾、叶恭绰、朱启钤、沈钧儒、邢端、黄宾

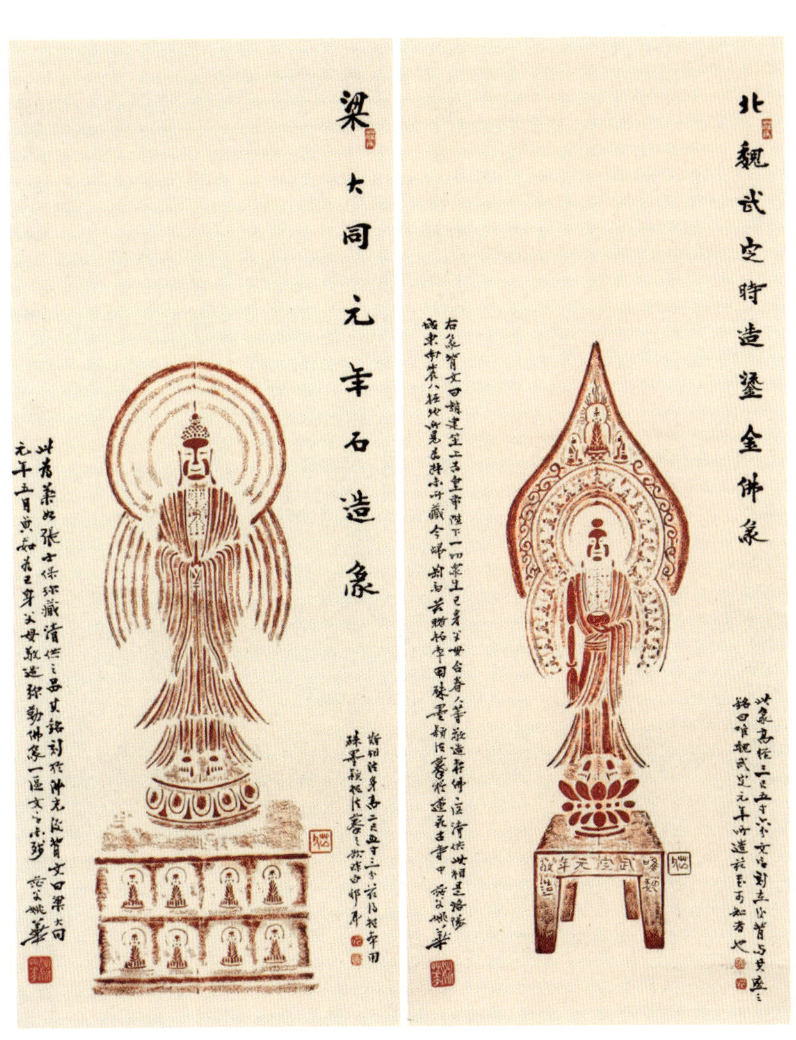

姚华的颖拓作品（一）

姚华的颖拓作品（二）

虹、沈尹默、郭沫若、马叙伦、林志钧、顾颉刚等名家题跋，全长1273厘米，字口清晰，与原本无二，笔法坚实如铁，古朴苍润，熠熠生辉，美不胜收。姚华也感叹道："甚矣，其难也哉。"《秦泰山残刻廿九字》于1983年捐赠入藏贵州博物馆，为国家一级文物，并成为该馆的镇馆之宝。

继姚华之后，颖拓界又出了位名人，他的名字叫张海若。他曾留学日本，毕业于法政大学，是民国时期著名的政治家、书画家、金石收藏家和鉴赏家，后出任北京女子师范学校教授。

张海若一说是1877年出生，1943年去世；一说是1879年生人，1949年去世。他的原名叫国溶、国蓉，号修丞、侑丞，湖北蒲圻人。光绪三十年（1904年）进士，书画篆刻精绝，工书法，以擅书汉隶闻名于时，间作人物画，颇见奇趣，创颖拓，朱砂斑驳，取意

张海若与齐白石弟子杨嗣馨结婚照

碑版，观之如真拓。

张海若其人性格豪迈，爱憎分明，性格渗透在作品之中。除擅颖拓外，还精于隶书。书法风格四平八稳，法相庄严，结合擅长的“馆阁体”，独标“经石峪”体。与民国时期的颖拓名家姚华齐名。

张海若颖拓作品

中国现代著名书法家、篆刻家、画家康殷也对颖拓颇有研究。康殷（1926—1999年），别署大康，祖籍河北乐亭。1944年入吉林师范大学美术系学西画。曾为中央文史研究馆馆员、首都师范大学研究员、中国书法家协会理事、中国美术家协会会员等。著有《古文字形发微》《文字源流浅说》《古文字学新论》《说文部首诠释》，编纂了中国第一部古印玺全集《印典》。

康殷在《大康学篆》这本书中颖拓“周善夫克鼎铭”的下面题字道：“颖拓之法，早已有之，似是墨客游戏之作，少有专以此技名世者，逮及近代姚茫父、张海若等，皆擅此道，为墨林增色。然亦不作大幅，张氏以后殆成绝响，今已罕观矣。予非善善者，偶一为之，愿作引玉之砖耳。”[1]康殷善颖拓之法，对该种艺术形式非常推崇。在他出版的著作《古（篆）文部首》《说文部首诠释》中，都用了颖拓作品作为封面及封底。值得一提的是，有一年日本举行展览，入场券上的图案，印的就是康殷的朱红颖拓古代“凤鸟瓦当图”。不知道内情的人，看了图案，根本不会相信这是画出来的，那种逼真的拓片效果，真不知他用的是何种笔法。

贾文忠生于北京金石世家。除擅长全形拓外，他还十分擅长颖拓。

提到与颖拓结缘，贾文忠可谓是占尽了“天时地利人和”。在北京市文物局工作时，他就曾师承颖拓名家周希丁

[1] 韦力.姚华的颖拓艺术与他的名流朋友圈[J].中国书法，2018(13):26-33.

康殷颖拓怀素像

康殷颖拓《复尊》铭文

的高徒傅大卣，耳濡目染中不仅习得了文物修复技艺及全形传拓技艺，在颖拓方面也有了初步的涉猎。后拜康殷为师，向康殷学习篆刻、书法、绘画等。据他自述，一次前往康殷家看望恩师，康殷正在为自己的新书做颖拓怀素像，他一下子就对这种新颖而又古朴的技艺产生了兴趣。他苦心钻研，依靠自己擅长的全形拓技巧，再加上他对青铜彝器的独到见解，创造出了一幅幅古朴雅致、独具匠心的颖拓作品。

提到贾文忠创作的全形拓作品，最耳熟能详的就是他的十二生肖系列颖拓全形拓。2006年起，在著名古建专家罗哲文先生的建议下，贾文忠每年都会选取一件生肖题材的青铜器作为元素进行创作，颖拓作品丝丝入扣，线条分明，被多家博物馆争相收藏。

西周大盂鼎颖拓全形拓是贾文忠的得意之作。大盂鼎又称“廿三祀盂鼎”，是西周时期的一件金属炊器。1849年出土于陕西，1952年被上海博物馆收藏，现存中国国家博物馆，是中国首批禁止出国（境）展览文物之一。

大盂鼎高101.9厘米，口径77.8厘米，重153.5千克。

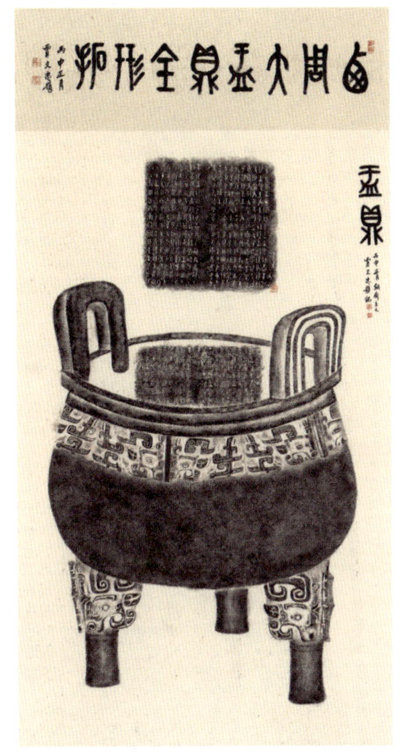

贾文忠颖拓全形拓大盂鼎

贾文忠颖拓全形拓大克鼎

铭文291字，记载了周康王在宗周训诰盂之事。该铭文真实地反映了当时的社会状况，是研究周代分封制和周王与臣属关系的重要史料。贾文忠于2008年创作大盂鼎颖拓全形拓作品，因其技艺精湛，得以入选中国国家博物馆在2009年举办的“新考工记——中法手工之美”大展。本次

2019年，贾文忠颖拓全形拓大盂鼎参加中国国家博物馆“新考工记——中法手工之美”大展

展览邀请了15位法国顶级手工艺大师与11位中国国家级手工艺大师、非遗传承人和知名艺术家参与。在展览结束后，大盂鼎颖拓全形拓被中国国家博物馆收藏，成为馆藏作品。

中国国家博物馆捐赠证书

最后还应提及的一位颖拓名家便是马国庆。马国庆，北京人，1956年10月生。首都师范大学书法艺术专业毕业，现为中国书法家协会会员，中国国际书画艺术研究会评审

马国庆给贾文忠（右）介绍紫砂壶全形拓手卷

委员，著名拓艺专家、书法家。马国庆的书法、篆刻、拓艺作品被国内外多家博物馆、艺术馆和收藏家收藏。传拓技艺师从其父马宝山，书法艺术师从康殷（大康）、康雍（二康）。他曾举办过多次展览，颖拓作品多次受到中日金石艺术家们的好评。

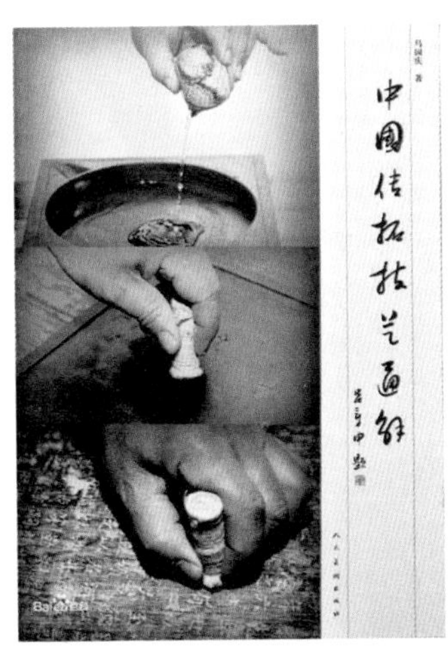

马国庆著作《中国传拓技艺通解》

19

贾文忠与他的贵人们

1978年，贾文忠到北京市文物局上班。那时候，只要一有时间，他就会跑到马宝山那儿问这问那，尤其是碑帖鉴定等方面的知识。马宝山是河北衡水南谢漳村人，16岁那年便只身到琉璃厂当学徒，从事碑帖书画鉴定收藏。马宝山以书画碑帖鉴定闻名，是屈指可数的大家。凭借着一手过硬的鉴定技能，他与京城许多著名收藏家、鉴定家、书画家，如袁励准、宝熙、罗振玉、张伯驹、陈半丁、张伯英、惠孝同、衡亮生、张大千、齐白石、溥儒、徐悲鸿、启功、徐邦达等都是至交好友。

马宝山

鉴定碑帖字画在古玩行里是最吃眼力的，尤其是碑帖，稍有不慎，就容易“打眼”。马宝山先生凭借着他多年的实操经验，练就了一双慧眼。他能在众多碑帖中一眼辨出哪件是真品真迹，哪件是后人临摹，哪件是今人仿制。他参与了当代文物界许多书画碑帖的鉴定，过手买卖诸如唐代孙过庭《景福殿赋》、唐代颜真卿《裴将军帖》、元代张逊《双钩竹》巨卷、元代盛子昭《秋江待渡图》等唐宋元明清珍品书画碑帖近千件。也因此，才20出头，他就能临危受命，接手了墨宝斋，并保住了招牌。

墨宝斋在琉璃厂是个小铺子，只有两间门脸。马宝山白天带两个师弟裱碑帖拓片，晚上学习鉴别碑帖，经常跑晓市摊位捡漏儿。最让他得意的是，在众多拓片中他一眼就看中了南宋拓《圣教序》帖，以35块大洋购回。回来后，他请庆云堂掌柜张彦生过目，张彦生看到这件宋拓《圣教序》后不禁拍案叫绝，佩服马宝山的眼力。这件宋拓最终以350块大洋卖给了一位姓谭的先生。此举让马宝山在琉璃厂同行中名声大振。

中华人民共和国成立后，凡是有点名气的书画鉴定大家，多半都是从老琉璃厂摸爬滚打出来的。1956年公私合营，马宝山被分配到了琉璃厂的北京市文物商店庆云堂门市部当业务员，1966年又调到北京市文物管理处负责文物鉴定工作。马宝山鉴定碑帖和古代书画是一绝，每当故宫博物院和中国历史博物馆对有些碑帖吃不准的时候，都会请他掌眼。著名文物大家朱家溍的父亲爱好碑帖收藏，是著名的碑帖收藏家，生前他将一批藏品捐给了故宫，其中《争座位帖》题为宋拓。马宝山和启功先生在为故宫所藏碑帖做鉴定时，发现了其中“出入王命”的“出”字有破损，题跋是从另本取下后补上的，从而断定是明代赝品。由此可见马宝山眼力之“毒”。启功先生曾说：“看碑帖找马宝山。”可见，启功对他的鉴定功力是相当认可的。

1979年，马宝山在北京市文物局文物复制厂任业务指导，1980年调首都博物馆任书画碑帖鉴定专家，1981年退休后被聘为首都博物馆鉴定委员、中国文物学会顾问，一直干到80多岁他才回家安度晚年。北京燕山出版社1996年出版的《书画碑帖见闻录》是他一生智慧的总结。

在北京市文物局工作期间，他倾尽心血培养出了诸如贾文忠这样的传拓大家。另外，马宝山的儿子马国庆也成长为一代传拓大师。马宝山这一代从琉璃厂走出来的鉴定家有很多为人津津乐道的故事，然而，连同那段历史，当时的一大批曾经叱咤风云的人物已经逐渐地淡出了我们的视线，但他们为中国文物保护事业的发展，特别是为文物鉴定技术的发展所做的贡献，我们当永远铭记。

除跟随傅大卣、马宝山和康殷诸位大家学艺外，在贾文忠成功道路上帮助过他的贵人还有不少，如原北京市文物局局长刘子章。据贾文忠回忆，他第一次见到的印谱就是刘子章借给他的那一套10卷本、共几千方印章的《十钟山房印谱》。因为都喜爱书法，所以刘子章经常带他一起参观各种各样的书法展。除此之外，他们还经常往来，以字会友。贾文忠对20世纪80年代初北京市文物局内部的书法绘画热记忆犹新，因为那段时间几乎所有人都在学习书法绘画。1983年，文物局内部举办了首届书画展，贾文忠的一幅松鼠图还获得了一等奖。

北京市文物局的另一位专家对贾文忠也帮助颇多，他就是程长新。作为国内外著名文物鉴定专家，程长新善于“炉”口夺“宝”。他曾经活跃在北京市大大小小的收购站、冶炼厂、铜厂、回收公司，只为拣选文物。经他解救下来的文物就多达169件，例如大钟寺的大钟、龟鱼纹盘和

“班毁”等。每当回想起在北京市文物局复制厂复制铜器时的场景，贾文忠的脑海中总会浮现程老的音容笑貌。

20

贾文忠与他的徒弟吴立波

贾文忠的徒弟吴立波是山东临淄人，号翰齐斋，现为中国青铜器研究会副会长，中国文物学会文物修复委员会青铜器修复专家委员，山东齐文化博物馆研究员，中国传统工艺大师，非物质文化遗产古器物拓制技艺传承人。

吴立波自幼喜爱金石艺术。他1992年参加考古传拓工作，1996年成立翰齐斋金石文化工作室，专门从事金石文字的收藏、研究和青铜器的修复工作，在日积月累的研究和

吴立波

修复过程中，积累了丰富的金石学知识，也渐渐地了解到全形传拓这门结合了金石艺术与传拓知识，体现金石底蕴的艺术。他对这门神秘的古代“照相术”十分好奇，2006年，机缘巧合之下，吴立波听闻在北京有人专门从事全形拓研究，是这门传世绝学的独家传人，便一路北上来到北京，找到了贾文忠。

也是这一年，中国博物馆学会、中国文物学会文物修复

贾文忠（左）、吴立波师徒在研究传拓技艺

专业委员会主办了“全国青铜器鉴定修复培训班”，当时拟招学员30人。时任中国文物学会文物修复专业委员会秘书长的贾文忠在培训期间专门讲授青铜器修复与鉴赏等课程。听到这个消息，吴立波慕名而来，并拜贾文忠先生为师，成为贾文忠的入室弟子。通过两年夜以继日的学习，吴立波不仅收获了青铜器鉴赏与修复知识，还学到了全形拓这门神秘技艺。由于勤学苦练，他的全形拓技艺也有了很大进步，还在

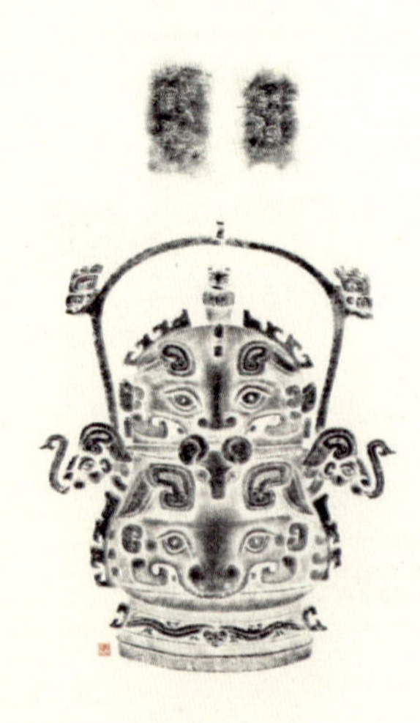

吴立波全形拓片作品

临淄收藏家协会文化展上展出了他的青铜器全形拓作品。

自此，山东临淄的吴立波终于成为了全形拓这门艺术的一位后起之秀，也使得全形拓这门技艺在山东各地得到发扬光大。2012年，他的作品入选“齐文化旅游节全形拓博古画展”，2014年与恩师贾文忠在齐文化博物馆、临淄古玩城等地举办了“金石铜缘——贾文忠吴立波青铜器全形拓师生艺术展”，这也是国内首次以青铜器为主题举办的全形拓展览。吴立波的全形拓重在求真，墨色犀利，线条分明，具有鲜明的个人特色。

2016年，古器物拓制技艺入选山东省非物质文化遗产名录，吴立波也成为这项技艺的代表性传承人，这也是传拓技艺在山东地区备受重视的标志。2017年，吴立波还举办了“铁马金戈——庆祝中国人民解放军建军90周年古代兵器拓片展”。2018年，临淄区文化馆非遗保护中心为古器物拓制技艺成立了专门工作室，为全形拓在山东地区落地开花提供了便利条件。2019年，吴立波赴蒙古国传拓燕然山铭，并捐赠给了北京大学考古文博学院。

经吴立波多年的不懈努力，他的传拓足迹已遍布全国多

个城市，他的传拓作品也被中国国家图书馆、北京大学图书馆、北京大学文博学院、清华大学艺术博物馆、潍坊陈介祺故居陈列馆、安阳市博物馆、齐故城遗址博物馆、齐文化博物馆等多家单位收藏。吴立波也从初出茅庐的一名小学徒成长为一位能独当一面的全形拓大家。正是因为有了贾文忠、吴立波这些业界大师的刻苦传承，才使得这门沉寂了百年的传统技艺重现光彩。

21

伯矩鬲全形拓——文化交流的使者

说到首都博物馆的镇馆之宝，很多人的第一反应肯定就是伯矩鬲。它的来头可不小，要知道，它可是来自3000年前的燕国，堪称“首博一哥”。它的正式名称是“牛头纹带盖伯矩鬲”，小名“牛头鬲”。2013年，伯矩鬲被列入第三批禁止出国（境）展览文物目录。

伯矩鬲高33厘米，论个头，它称不上“大块头”，尤其是跟其他的青铜器兄弟相比。但仔细观察，就会被“牛气”

贾文忠与伯矩鬲

十足的它所惊呆：雕刻技术上，高浮雕和浅浮雕相结合，其高浮雕的立体风格也迥异于常见的平面化兽面纹。器身、器足、器盖、盖纽通体装饰7个风格各异的牛首兽面纹——两个写实的牛首相背而立组成盖纽，居高临下；器盖的两个牛首则为神兽，口中獠牙及角上鳞纹都显现着不同凡物的威严；另有3个牛头装饰于浑圆的足部，牛面鼓起的大鼻神似铜铃巨眼，而两只粗壮的角向上方翘起，与相邻的牛角两两

贾文忠传拓伯矩鬲

相对，庄重霸气的气氛立马显露无遗，而且彼此之间相互辉映，构成一个和谐匀称的艺术整体。这就是传说中的伯矩鬲，一个见者无不为其独特造型、精湛工艺所折服的青铜器。

在商周时期，作为青铜器兽面纹中的常用题材，牛首是使用范围最为广泛的，但像伯矩鬲这样，通体满饰浮雕状牛头纹，数量达7个之多，将牛的神态雕刻得活灵活现，而且造型别致又精美的，还是不多见的。伯矩鬲纹饰如此复杂且一次性铸成，是青铜艺术美的集中体现，堪称燕国青铜艺术与工艺的典范之作。即使是拥有现代先进技术的当代社会，仿制起来也非易事。

提起青铜器，人们首先想到的是鼎。而同样作为青铜家族成员的鬲，却没什么存在感，以至于很多人都不知道怎么读。那鬲是用来做什么的呢？

其实，与鼎类似，鬲是古代的一种烹煮的炊器，通常用来煮粥，烹煮的一般是谷物。早在新石器时代的仰韶文化中就有陶鬲的身影，是那时人们炊食的通用器具。鬲的使用说明中国的先人们已广泛食用熟食。只是后来青铜器只限于奴隶主阶级使用，因而，平民和奴隶无权享用青铜鬲。但作为首都博物馆的镇馆之宝，当然不仅仅是一口年头悠久的锅那么简单。青铜鬲最早出现在商代早期，主要流行于商代至春秋时期。据《汉书》记载："鬲即空足鼎。"青铜鬲组成构件包括大口、袋形腹，下有3个锥形足。从外观上看，袋形腹就好像是将3个奶牛的乳房拼合而成，这样设计的好处是为了增加受火面积，能够以最快的速度将食物煮熟。但商代晚期以后，鬲就逐渐演变为盛粥的器具。由于考古发掘中青铜鬲常成组出土，据此可以推断出西周中期以后青铜鬲十分盛行。

伯矩鬲不仅是一件造型精美的艺术品，更是等级森严的礼乐制度的象征。奴隶社会时期，为维护和加强"贵贱有等，上下有别"的统治秩序，奴隶主阶级建立并发展出复杂庞大且等级秩序鲜明的以礼乐制度为代表的一系列制度。礼乐制度，指的是通过立法的方式明文规定社会不同阶层的尊卑贵贱、道德规范及艺术需求，内容涉及政治、经济、文化，以至衣食住行、婚丧嫁娶等各个方面。而服务于这一制度的青铜器也就应运而生，被称为"礼器"，主要用于祭神祀祖、宴享宾朋、赏赐功臣、歌功颂德，也往往用作殉葬

品。作为西周早期宗周王室和燕国上层的重要角色，地位显赫的伯矩及其家族拥有青铜器自然是不足为奇的。

伯矩鬲的主体纹饰选用牛首别有一番讲究。牛首之所以成为青铜礼器纹饰中较为常见的题材，与当时的时代背景分不开。因为在商周时期，“国之大事，在祀与戎”，可想而知，占卜祭祀在当时的神圣性与重要性。牛被视为祭祀中最高规格的祭品，贵族占卜也常用牛肩胛骨，但是像伯矩鬲这般多达7个牛首的造型实属罕见。这一方面说明了当时人们对牛的特殊感情，另一方面则充分表达了“礼器”“神器”在沟通人神等方面不可替代的作用。所以，伯矩鬲早已超越了作为实用品的炊具，最为重要的是寄托了贵族祭祀农神、祈求丰收的神圣愿景。

作为西周燕国青铜器的代表，伯矩鬲也是北京城诞生的最好的见证了。伯矩鬲出土于北京房山琉璃河，正式出土的时间是1975年。早在20世纪60年代，房山琉璃河的一名村民在自家菜地挖菜窖时，无意中刨出了两件青铜器。自那以后，房山琉璃河遗址一直是考古学家们关注的焦点，逐渐揭开了北京城的神秘面纱，也就有了后来伯矩鬲的出土。在持

伯矩鬲全形拓片

续20多年的发掘与研究后，学者们终于认定它是武王灭商之后，封召公奭于北燕的燕国所在地，即后世所说的西周时期燕国的都城。在这里，不仅发现了城址，还有燕国贵族墓葬区，而以伯矩鬲为代表的一批带有燕侯铭文的青铜器，以及堇鼎、克盉、克罍等其他珍贵文物才得以重见天日。

目前，伯矩鬲存世共两件，分别出土于北京房山琉璃河和辽宁喀左山湾子，铭为“在戊辰燕侯赐伯矩贝用作父戊尊彝”，分别为首都博物馆和辽宁省博物馆最重要的藏品。通过铭文，我们可以得知：戊辰那年，伯矩鬲的主人伯矩由于受到燕侯的奖赏，备感荣幸，于是铸就伯矩鬲，以此作为纪念。

贾文忠是当代著名全形拓大师，他从事文物保护、修复、鉴定、研究工作40余年。多年来，创作出不少传世佳作，被各大博物馆争相收藏。2011年6月，国家文物局委托贾文忠为伯矩鬲制作全形拓片，作为礼品赠送给法国前总统希拉克。伯矩鬲全形拓作为文化交流的使者，往来于不同的民族和国度，浓缩了艺术的精华，阐释着文明的意义。作为礼品，不仅可以传递国与国之间的情谊，更是一个国家文化的品牌，为文明交流互鉴增添着新的色彩。

22

颖拓十二生肖记

据贾文忠说，他的颖拓是在康殷的亲手调教下学成的。记得年轻的时候，他一有空就去康先生家。康先生告诉贾文忠：颖拓一定要有金石味道，不可干死，不可过实，要有墨气。先生的这些话贾文忠一直记在心间，从未忘记。

在前辈的指点下，贾文忠决定下手颖拓。经过深思熟虑，最终将国人熟知的充满民间气息的十二生肖作为自己的创作题材。

生肖类型青铜器以清代圆明园十二生肖兽首铜像最为著名。1860年英法联军火烧圆明园后，兽首铜像遂流失海外，直至其中7尊流失兽首经不同方式回归祖国，成为绝无仅有的国宝重器。十二生肖兽首具有浓郁的中国传统审美趣味，也融合了西方造型艺术的特点，更是我国生肖文化源远流长的重要代表器物。众所周知，青铜器主要产生于夏商周三代，此时的十二生肖民俗文化符号尚未形成，因此在青铜文物中，以与农耕文明息息相关的牛、羊、马为表现对象的器物较多，如商后期的四羊方尊作为羊年的创作对象属实至名归，但诸如子鼠、申猴这类生活中不常见的非家畜动物器物则寥寥无几，而如辰龙、巳蛇这种颇具神性的动物形象在青铜器中虽然纹饰遍布，但缺乏单独器物。贾文忠不辞辛劳，足迹遍及国内各大博物馆，多方寻找符合创作主题的青铜重器，最终选定创作对象。他从2006年开始创作，在2007年农历丁亥年首次创作完成《猪年大吉》作品，此后每年选择一件生肖青铜器，连续创作了12年，最终完成了这一巧夺天工的贺岁名作。

十二生肖青铜器贺岁全形拓作品主要以颖拓技法创作拓片全形，作品器形准确，透视合理，纹饰清晰，铭文规范，效果逼真，墨色深浅变化跃然纸上，不仅表现出所拓青铜器的固有色彩，还表现出器物本身的阴阳明暗、凹凸远近。作品中除作者自题的器物介绍外，还有吕济民、侯一民、史树青、罗哲文、谢辰生等文物界名家的补绘或题跋。作品中的生肖动物造型青铜器分别是：《鼠年大吉》的西周逨盘，现藏于宝鸡青铜器博物院，器物所载铭文对西周王室变迁及年代世系有明确记载；《牛年大吉》的东汉错银铜牛灯，现藏于南京博物院，器物由灯座、灯盏、烟管组装而成，工艺精湛；《虎年大吉》的商代伏鸟双尾青铜虎，现藏于江西省博物馆，造型奇特，外表威武，应是传说中“虎方”国的图腾

之物；《兔年大吉》的西周兔尊，现藏于山西省博物馆，器物精巧可爱，以兔为尊的器形，在青铜器中尚属首见；《龙年大吉》的金代坐式铜龙，现藏于黑龙江省博物馆，器物集龙、麒麟、狮、犬形象于一身，威武雄姿，浩气凛然；《蛇年大吉》的明代玄武龟蛇镏金铜像，现藏于湖北省博物馆，器物为古代传说的“玄武”，呈现出龟和蛇四目相持之势；《马年大吉》的西汉镏金铜马，现藏于陕西省茂陵博物馆，器物两耳间生有一角状肉冠，应是以西汉大宛产的汗血马为模特精制而成；《羊年大吉》的商代四羊方尊，现藏于中国国家博物馆，器物为商晚期青铜礼器，是现存商代青铜方尊中最大的一件；《猴年大吉》的战国镶金银质猿形带钩，现藏于曲阜孔子博物馆，器物不仅是一件精致的艺术品，也是结系于腰间革带上的重要组件；《鸡年大吉》的商代青铜鸡柱头，现藏于四川广汉三星堆博物馆，器物铸造工艺精美，可能是古代神话中呼唤日出的“天鸡”的象征物；《狗年大吉》的汉代铜狗和商代犬簋，现分别藏于广西壮族自治区博物馆和中国社会科学院，器物造型生动，范铸精细，工艺娴熟；《猪年大吉》的商代猪尊，现藏于湖南

著名文物专家谢辰生（右）观生肖全形拓

省博物馆，器物以野猪作为器物形制，在已知商代青铜器中仅此一例。

鼠年大吉

牛年大吉

虎年大吉

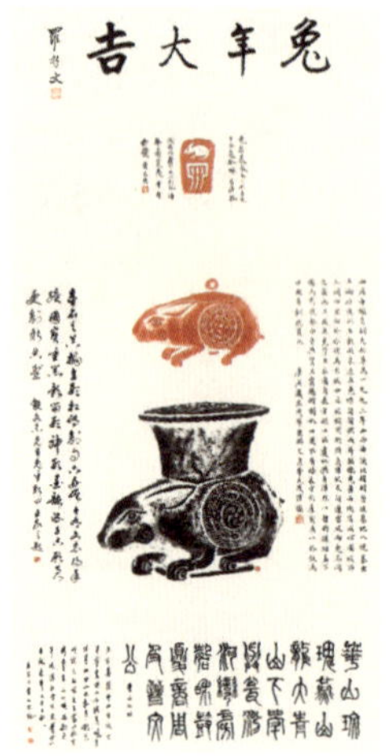

兔年大吉

龙年大吉

蛇年大吉

马年大吉

羊年大吉

猴年大吉

鸡年大吉

狗年大吉

猪年大吉

十二生肖青铜器贺岁全形拓作品将动物的灵性与精气跃然于宣纸之上，呈现出青铜器的精美与厚重，具有“望若鼎彝”的准确透视感，并融入书画家的创作灵感，进行二度创作，使其成为兼具观赏和收藏价值的艺术佳作，既充分展现了传统技艺之美，又有当代文化的介入，文质兼备。十二生肖青铜器贺岁全形拓作品曾多次在各地全形拓艺术巡展上进行展览展示，受到文物部门领导和专家的充分肯定，认为这是文创产品开发的成功范例。近年来，中国农业博物馆对十二生肖青铜器贺岁全形拓作品进行了批量复刻并积极开展重点推介，深受人们的喜爱，对弘扬我国非物质文化遗产、宣传各博物馆“明星”文物、树立文化自信起到了重要作用。

23

听贾文忠谈传拓

传拓技艺的兴起，缘于古人对于金石艺术的喜爱与追捧，缘于祖先对于先人智慧的崇敬和金石学研究的需要。现存最早的拓品为敦煌莫高窟第一十六窟藏经洞中发现的3件唐拓本，它们分别是唐拓柳公权书《金刚经》、欧阳询书《化度寺禅师碑》、李世民书《温泉铭》。在没有照相技术

贾文忠（左六）讲全形拓技艺

的年代，要准确、完整地记录石刻、画像及出土青铜器的原貌，唯有传拓技巧才有可能做到原器原物1:1的完美复原，这也是传拓技艺存在的意义。

中国农业博物馆高级研究员贾文忠出生于京城青铜器修复世家，一家三代十口人均从事文物修复工作。贾文忠是老北京古铜张的第四代传人，自幼酷爱金石、书画、篆刻等技艺，师承金石学大家周希丁的高徒傅大卣，在青铜器修复、复制与鉴赏等领域耕耘40余年。精湛的文物修复技艺和极高的金石学修养，为他的全形传拓技艺研究增色不少，也使他成为了北京市第五批市级非物质文化遗产代表性项目——传拓技艺（全形传拓）当之无愧的传承人。近日，笔者有幸向贾文忠学习制作全形拓，聆听他对全形传拓技艺的理解。

全形拓制作第一步：细致观察，勾勒虚拟画像。

这次贾文忠用首都博物馆镇馆之宝——伯矩鬲的复制品做教学演示。在拿出这件“宝贝”之后，贾文忠并没有直接上手操作，而是先仔细端详起这件器物。他说：“拿到传拓的东西后，不能直接进入实操。实操之前，首先要仔细观察器物的保存状况。有的青铜器保存得不好，一碰就碎，这种情况是绝对不能传拓的，否则就会对文物造成不可恢复的损伤。”贾文忠再三强调，一定要弄清楚自己的传拓对象，关注要拓的东西是什么，保存现状如何，不能稀里糊涂上手就拓。在接触文物的工作中，文物安全是第一位的。譬如在需要拿起器物的时候，不能随便就“拎”起来，拿文物时要双手操作，确保文物安全，这既是传拓工作的底线，也是传拓工作的红线。这个底线与红线无人能够逾越。

面对这样一件精美绝伦的西周青铜器，哪怕是复制品，也能闪烁出商周青铜艺术的光芒。贾文忠向我们讲述了伯矩鬲的故事。随着他的讲述，我们仿佛回到了遥远的西周早期，回到了青铜艺术登峰造极的那个年代。“这件青铜器的名字叫伯矩鬲，高33厘米，口径22.9厘米，平盖，盖面饰以浮雕状牛头纹，盖纽为向背牛首，器折唇上有立耳，颈饰夔纹，间以短扉棱。袋足，饰牛头纹，角端翘起。这种带有盖子的青铜鬲，在出土文物中比较罕见。伯矩鬲的盖内和器身内壁，铸有两段相同的铭文‘才（在）戊辰，匽侯赐伯矩贝，用作父戊尊彝’共15字。意思是说，青铜器的主人伯矩得到了燕侯赏赐的贝，心生骄傲，于是下令铸造伯矩鬲，以

贾文忠（右三）在中国农业博物馆全形拓工作室讲全形拓技艺

示纪念。在传拓时，铭文和牛头纹是我们必须要呈现出的关键性元素。”此外，还要根据器物的体量和铭文字数的多少及大小考虑排版布局，选取最能展现器物特点的角度，不能出现本来有3个足的青铜器最后只展示出两足的情况。

全形拓制作第二步：传拓准备。

在心里勾勒出青铜器最终所应呈现出的效果后，就需要着手准备传拓了。俗话说“工欲善其事，必先利其器”。准备工作的第一步，就是准备传拓所用的物品。其中不可或缺

的当然是韧性好、透光性强、韧而能润、光而不滑、洁白致密、纹理纯净、搓折无损、润墨性强的宣纸。此外，还要准备好与传拓、描绘有关的笔墨等。

根据青铜器纹饰的细腻程度和铭文的大小准备好扑子。扑子也叫“扑包”“拓包”，是传拓工作中最重要的关键性工具。拓包多用棉布、丝绸作为外材料，羊毛、棉絮作为填充物，中间以塑料布做间隔制作而成。制作扑子时，要先将填充物底部整理成一个平面，以确保底部平整无皱；再将填充材料包裹紧实，并用细线将拓包系好，保证出墨均匀。此外，还需要准备砚台、刷子、垫具、盘、吸水纸、毛巾、规、尺子、剪子、刀、水盆、喷壶等。

准备好工具后，还要调整好心态。用贾文忠的话说就是不能着急，不能急功近利，要坐得住、耐得住性子，细细琢磨，不能急于求成，更不能糊弄、应付了事。否则就是对传拓对象不尊重，对作品不负责任，也拓不出好的传拓作品。

全形拓制作第三步：传拓。

准备好工具，要确定室内的绝对安全，不能因为突然刮风或是突然闯进小动物而威胁到文物安全。调整好心态后，

著名文物专家史树青（左）指导贾文忠全形拓

就可以传拓了。传拓时，首先要对所拓青铜器的表面进行简单的除尘清理，然后取白纸一张，在上边打出“⊥线”进行辅助，确定绘图区域。之后根据设计方案，用规、尺等小心地量出各部分的尺寸，并在白纸上画出伯矩鬲的线稿，像拍照片一样，给它照一张“轮廓照”。这一过程，就像画图纸一样，精细而准确地确定草稿。

确定草稿后，要用毛笔定稿，并将定稿誊到宣纸上。这

时，传拓者是否有美术功底就显得十分重要了。以伯矩鬲为例，这个器物既有盖子又有铭文，如何将这三部分全都展示在同一画面中，还不能显得过于拥挤，使画面和谐美观，还要为后期的补绘、题跋预留好空间，考验的就是传拓者的全局思维和美术修养了。在这一部分，贾文忠为大家进行了简要的讲解，他表示这幅作品会将器物安排在下1/3处，为铭文和题跋留出足够的空间。

誊稿之后，终于轮到最为期待的传拓环节了。贾文忠首先将伯矩鬲小心地放置在柔软的垫具上（垫具一般用大小纱布袋制成），调整好角度让它牢牢地躺在桌子上，接着按线稿依次进行传拓。贾文忠选择了一个花纹，将宣纸放在花纹上，先用掺了中药白芨的白芨水喷在纸上，然后用小刷子反复按压。等到纸微微发白时，再拿起两个拓包，蘸墨少许，反复揉搓，然后在纸上试探墨色，接着轻轻地在纸上拍打。与我们想象不同的是，他每一次下拓包的动作都十分轻柔，淡墨初拓，渐渐拓出伯矩鬲上“小牛”的纹样。可是怎么才能让伯矩鬲看起来像是有立体感的照片呢？贾文忠回答了我们的问题：“这里就要用到与素描相关的知识了。这就像画人像一样，可以通过用色的深浅，来显现出画面的立体效果。全形拓也是一样，通过调整墨色的浓淡变化，就可以让伯矩鬲栩栩如生，呈现出照片上的立体效果。”说完，他将纸揭起，反复、耐心地重复上纸、刷压、传拓动作，将所有花纹和铭文原样拓下。

渐渐地，伯矩鬲的形象完整地跃然纸上。看似简单的动作，没有日积月累的练习，对传拓力度的控制很难达到这般炉火纯青的程度。我们也做了些小的尝试，在桌面上轻轻

著名学者李学勤（右）到铜斋指导贾文忠全形拓

传拓，一不小心就会拓出一个黑疙瘩。而在他的手中，扑子就像是画家的画笔、摄影师的相机，准确地刻画出伯矩鬲的“证件照”。图案完整，立体感强，只看拓片便有一种身临其境观看器物的感觉。

在多次挪纸重复后，贾文忠叫我们与他一起审视拓片。从画面角度观察伯矩鬲，并对器物边缘及整体画面进行调整，去除多余部分，画面渐渐干净、清爽起来，最后达到惟妙惟肖的程度。“现在还不能说这幅作品就已经完成，还要加上题跋，作品才算完整，画面才算饱满。”他还与我们打趣，向我们“征集”好的题跋创意。最后，贾文忠在拓片上加入题跋并盖章，画面立刻完美起来，一张匆匆做出的教学作品，竟然也能流露出传世佳作的风采。

至此，一天时间也已过去大半。然而，我们仍意犹未尽，能有这样的机会近距离观察大师做拓的全过程，可谓受益匪浅。贾文忠老师严谨的治学态度、对文物的敬畏之心和炉火纯青的传拓技艺给我们留下了深刻印象。传拓大家，名不虚传。

24

贾文忠与三牺尊

2018年，北京颐和园举办“金石祥瑞——贾文忠全形拓艺术展”。在展览前，受颐和园公园管理处委托，贾文忠为颐和园文昌院所藏包括商代兽面纹三牺尊在内的6件青铜器做了全形拓拓片。

文昌院坐落于颐和园内气势磅礴的文昌阁东墙外。这里原是光绪皇帝的御膳房，民国后渐渐荒芜。1998年，这里修建了目前国内规模最大、展品最丰、品级最高、设备最先进的古典皇家园林文物博物馆。文昌院所展藏品均为清室旧藏，其中最为著名的是颐和园镇园之宝商代兽面纹三牺尊。三牺尊整件器物高63.2厘米，口径54厘米，底径31厘米。[1]整件青铜器制作精良，胎壁厚实，纹饰精湛，线条雄健，风格粗犷。装饰刻画细致，立体感强，富丽繁缛，韵味无穷。其造型、纹饰、工艺均达到相当高的水平，是商代青铜文化顶峰时期的代表作。

贾文忠用精湛的传拓技巧，将三牺尊的庄严肃穆拓绘于纸上。精于书法的他还在拓片之上题了“颐和至尊”4个

[1] 张颖. 颐和园文昌院三牺尊欣赏[J].文史知识，2008(09):132-136.

贾文忠拓颐和园藏商代兽面纹三牺尊全形拓

字。无论是这件青铜器本身还是他的拓片作品，这4个字均受之无愧，实至名归。商代兽面纹三牺尊全形拓随50余件全形拓精品一同在德和园大戏楼进行了为期3个月的展出，展览结束后，它与其他5件镇馆之宝的全形拓一起，被颐和园永久收藏。这也成了贾文忠与颐和园的一段佳话。

贾文忠（左）、贾树父子研究传拓商代兽面纹三牺尊

25

贾文忠与十供拓

2019年5月18日，为迎接第43个国际博物馆日，应山东曲阜孔子博物馆邀请，中国农业博物馆赴山东与孔子博物馆共同举办了“簠斋遗韵——贾文忠全形拓艺术展”。展览前，为契合展览主题，贾文忠为孔子博物馆青铜器藏品——清代乾隆皇帝御赐“商周十供”制作了全形拓作品并一同展出。

曲阜是中国古代伟大的思想家、教育家、儒家学派创始人孔子的故乡。清朝的乾隆皇帝是来曲阜祭孔次数最多的一位帝王。

乾隆三十六年（1771年）二月，乾隆皇帝第六次驾临曲阜祭孔。这次祭奠空前绝后，乾隆皇帝下令将内府收藏的商周铜器10件赏赐孔府，替换原祭祀所用汉代祭器“供列庙庭”。[1]这10件铜器包括周木尊、周亚尊、周牺尊、周伯彝、周册卣、周蟠夔敦、周宝簠、周夔凤豆、周饕餮甗、周四足鬲。[2]受赏后，孔府将其视为天恩浩荡，秘不

[1] 文雨.乾隆御赏“商周十供”　二百年秘不示人　屡遭天灾人祸[J].旅游世界，2019(05):36-39.

[2] 孔维亮.“商周十供”命运的历史变迁[J].文物天地，2020(06):48-51.

示人，只有在大型祭典上才会请出陈列。“商周十供”屡遭天灾人祸，先是光绪十一年（1885年）孔府不慎起火，这些祭器被戏班武生救出，才逃过一劫；后又屡遭战火洗礼，在各界仁人志士的保护下才得以艰难求生。这些重器在1994年进入孔府文物档案馆，受到国宝级保护。2018年11月26日，孔子博物馆试运营，“商周十供”才有了新家。

贾文忠传拓“商周十供”工作照

贾文忠拓“商周十供”图

商周十供
己亥立夏
贾文忠传
拓并题

这次对“商周十供”的传拓，除一件器物单拓一张外，贾文忠还将这“十供”制成了一幅排列讲究的博古图，错落有致地分布在一个画面上。精美的布局为这幅全形拓作品增添了不少金石韵味，可谓全形拓作品中的瑰宝。清代金石学家陈介祺号“簠斋”，此次展览的名称“簠斋遗韵”正表现了贾文忠对陈介祺的崇敬之情。目前，“商周十供”全形拓已经捐献给孔子博物馆作为永久收藏。

26

贾文忠与他的迦陵频伽拓

宁夏回族自治区博物馆（简称宁夏博物馆）是一座国家一级博物馆，地处我国西北，馆藏文物极具异域风情。贾文忠在宁夏博物馆巡展时传拓的迦陵频伽，就是西夏文化中最具代表性的标志性文物。

“迦陵频伽”4个字为音译，它的意译是好声鸟、美音鸟、妙音鸟。据说迦陵频伽是佛教神话中的一种神鸟，神鸟造型为人头鸟身，非常立体。迦陵频伽多作为屋脊神兽出现在屋脊上。这件西夏3号陵出土的背插双翅的迦陵频伽造型，在国内实属首见。

由于迦陵频伽造型奇特，给传拓也带来了不小的挑战。过于立体的翅膀造型，给传拓角度的选择带来不小的麻烦：若是从侧面传拓，就会因此而失去两个翅膀的对称之美；可如果只从正面进行传拓，两个翅膀虽可以显露出来，但又会显得画面呆板。立体的“神鸟”本就不好传拓，要是拓出一张“大饼脸”岂不贻笑大方？

然而，后来的实践证明，人们的担心是多余的。贾文忠利用墨色的浓淡变化，凸显出神鸟面部的高光区域，传拓出的神鸟作品一下变得立体起来，看起来活灵活现。神鸟那祥和的神态，微微合十的双手，仿佛在向我们诉说着远古的故事、上古的风采。

贾文忠（前）传拓迦陵频伽场景

贾文忠展示迦陵频伽作品

迦陵频伽拓

27

贾文忠与他的车马拓

受淮安市博物馆邀请，贾文忠为淮安市高庄汉墓出土的战国车马饰做过全形拓。

1978年3月，淮阴高庄村（今属淮安市清浦区城南乡）发现一座战国墓，出土青铜器176件。这是淮河下游首次出土的战国青铜器群，也是研究中国古代青铜演变史和淮安地方史的重要文物，在考古学和历史学研究中具重要价值。

在这次出土的文物中，有国家一级文物47件，其中发现的车舆铜饰与出土车舆相配套，实属罕见，是研究我国古代车舆制度和青铜工艺的重要文物。对此，我国已故著名科技史专家王振铎曾给予高度评价，认为这是《周礼》中“王之五路”中的“金路”。[1]金路，也称金车，是以美铜装饰的车，往往是帝王的乘舆，规格极高。此次发现的这批青铜车舆饰件，将为我国先秦车制的研究提供重要的实物佐证。

这次传拓的对象中还有一件是这组青铜车舆饰件中的战国蟠螭纹插座。它宽11.7厘米、高23.5厘米、长31.5厘米，上部为承插圆筒，下部为长方形基座。圆筒先期铸造，在铸

[1] 王厚宇，刘振永.试论淮阴高庄战国墓的青铜器[J].淮阴工学院学报，2012，21(02):51-61.

贾文忠传拓车舆饰件

贾文忠传拓的战国蟠螭纹插座

长方形基座时嵌入。圆筒多口，口沿一圈有明显的加厚。筒壁外表有10条纵棱。圆筒底部呈扁鼓状，其上饰一圈绹索纹。座底两端各有一道绹索纹，末端上面有三齿，两侧有辖孔。方形座上饰蟠龙纹，齿上饰蝉尾纹。由于器物形状规整，在打稿布局处并未遇到什么困难，但在实际传拓的过程中，由于器物以浅浮雕的手法制成，满饰蟠螭纹，细部纹饰又过于精巧细密，所以，稍有不慎，不是宣纸被钩破，就是根本拓不出纹饰。这样的器物用一般大小的拓包根本无法传拓出纹饰的效果，故需要特制拓包，用棉签大小的布包裹上一小点棉花，插入毛笔笔杆，然后一点点地拓下。这时的传拓，特别强调力度与角度的把握，否则无法保证纸张的完整。

经过贾文忠的耐心制作，最后纹饰图案丝丝分明，连最细小的圆圈也做到了纹路饱满、形状完整，画面干净利落，没有连墨的现象发生。这件传拓作品，为战国蟠螭纹插座未来的展出提供了方便，也被淮安博物馆永久收藏。

28

全形拓的巡展与传播

2014 年中国非物质文化遗产生产性保护展现场

全形拓作为一种大众不太熟悉的传统技艺，完美地诠释了金石器物的艺术价值。全形拓兴起于清朝嘉庆、道光年间，繁荣于民国初期，它集精美考究的宣纸、浓淡变化的墨色、字俊文雅的题跋于一体，具有极高的艺术价值与收藏价值。全形拓是中华民族传统文化技艺中闪耀的瑰宝，它的诞生与发展记录了中华文化绵延发展的生动历程。

作为中国农业博物馆的研究员和学术带头人，贾文忠在全形拓保护传承方面做了大量工作，取得了可喜成果。贾文忠带领中国农业博物馆传承人团队，在传统文化全形拓技艺的挖掘、保护和弘扬方面矢志不渝地进行着深耕和探索。为了扩大全形拓的影响力，近年来中国农业博物馆积极开展全国性巡展及讲座培训活动，足迹遍及北京、河北、山东、宁夏、江苏、甘肃等省市。展品涵盖贾文忠及其团队成员创作的青铜器、砖石等各类全形拓作品以及部分书画作品，题材广泛、内涵丰富，是全形传拓这项非物质文化遗产成果的

2017 年，“金石永年——贾文忠全形拓展”在北京恭王府举行

集中展示，也是中国农业博物馆多年来致力于全形拓技艺挖掘、保护、传承工作成果的集中体现。

“吉金献瑞——贾文忠全形拓艺术展”现场

截至2022年初，举办的全国巡展有：“金石永年——贾文忠全形拓展”（北京恭王府）、“金石祥瑞——贾文忠全形拓艺术展”（北京颐和园）、“簠斋遗韵——贾文忠全形拓艺术展”（山东曲阜博物馆）、“金石萃影——贾文忠全形拓艺术展”（河北霸州博物馆）、“吉金永年——贾文忠全形拓艺术展”（河北定州博物馆）、“金鼠臻祥——贾文忠全形拓艺术展”（甘肃省博物馆）、“吉金献瑞——贾文

展览现场观众络绎不绝

中国书协副主席张改琴（左二）参观全形拓展

忠全形拓艺术展”（江苏徐州博物馆）、“金石匠心——贾文忠全形拓艺术展”（江苏淮安市博物馆）、“吉金妙韵——贾文忠全形拓艺术展”（江苏扬州博物馆）、“吉金墨影——贾文忠全形拓艺术展”（宁夏博物馆）、“拓古扬芳——中国农业博物馆全形传拓艺术展”（江苏镇江博物馆）、“吉金遗韵——中国农业博物馆全形传拓艺术展”（宁夏固原博物馆）、“金石契——中国农业博物馆全形拓展”（江苏宜兴博物馆）、“贾文忠金石艺术展”

时任中国书协主席苏士澍（左）参观全形拓展

“金石萃影——贾文忠全形拓艺术展”在霸州博物馆举行

（安徽宣城博物馆）、“福虎贺岁——贾文忠金石艺术展”（山西大同美术馆）等。

全形拓全国巡展为广大观众展示了全形拓传统技艺之美，掀起了崇尚传统文化的热潮，为保护传承中华优秀传统文化，挖掘弘扬优秀传统文化所蕴含的思想观念和人文精神，提供了强大的精神力量和丰富的文化滋养。镂之金石，琢之盘盂，仍难以千古长存，而独属中国的全形拓技艺，却以一纸一墨，在捶打拓墨间让历史不朽、金石永存。

29

全形拓传承的“百工七法”

中国农业博物馆是国家一级博物馆，也是展示、传播中国优秀传统农耕文化的重要平台。博物馆高度重视全形传拓技艺的保护和传承。2020年，中国农业博物馆申报的“传拓技艺（全形传拓）”成功入选北京第五批市级非物质文化遗产代表性项目名录。近年来，博物馆为申遗工作专门成立了全形传拓工作室，组建了专业团队，投入专项资金、设施装备和工作场所。全形传拓技艺带头人贾文忠将全形传拓技艺与青铜器修复技法相结合，已经创作了300多幅全形拓作品，并将佛造像、铜镜、砖石等各类全形拓技艺作品进行了补绘，使这门绝技得以再现并获得了长足发展。

近年来，技艺带头人贾文忠带领团队成员，致力于全形传拓技艺的深入研究。

一是开展全形传拓技艺课题研究。广泛收集全形拓技艺的研究性资料，建立全形拓技艺档案资料库，为全形拓技艺的历史、规范等研究工作提供了充足的学术支撑。

二是组织实施全国性巡展。2012年，参加中国非遗保护展览，首次展出全形传拓技艺作品；2017—2022年，在全国多地举办全形传拓艺术巡展，展览受到广大观众的热情

贾文忠传拓技艺讲座在宁夏博物馆举行

追捧。目前，贾文忠的全形传拓作品已被国家博物馆、恭王府博物馆、颐和园、孔子博物馆、甘肃省博物馆、宁夏博物馆、徐州博物馆、淮安市博物馆、定州博物馆、扬州博物馆等单位永久收藏陈列。

三是出版学术著作。陆续出版了《贾文忠金石传拓集》、《贾文忠全形传拓技艺精选集》（套装共2册）、《金石永年——贾文忠全形拓》、《贾文忠金石艺术集》等。其中，《贾文忠全形传拓技艺精选集》（套装共2册）

共收录贾文忠全形拓作品160余幅，可谓当代全形拓作品的集大成之作，被誉为当代善本，极具学术研究和收藏价值。

四是举办全形传拓技艺培训班。在清华大学、中央美术学院、广州美术学院、江苏徐州云龙书院、全联民间文物艺术品商会非遗博物馆、孔子博物馆、宁夏博物馆等地举办了全形传拓技艺讲座和全形传拓技艺现场观摩学习等活动，为让更多人了解和掌握相关技能做出了重要探索。

贾文忠为清华大学艺术博物馆讲全形拓

贾文忠为中央美术学院师生讲全形拓

五是开展传拓技艺进校园活动。在北京市中小学校园积极开展金石传拓宣讲和体验活动，以金石文化的启蒙和传播为媒介，成为传统文化进入基础教育的积极推动者和实践者。

六是制作专题电视节目。2012年，为北京电视台《这里是北京》栏目录制了全形传拓技艺专题片《古代三维立体照》；2017年，为湖南电视台《我的纪录片》录制了《拓刻贾传》；2018年，为中央电视台制作了两期《我有传家

贾文忠为小学生讲解全形拓

民俗学家刘魁立（左三）向外国朋友介绍全形拓

古建专家罗哲文（左）观全形拓

联合国粮食及农业组织总干事屈冬玉（左前）观摩全形拓

2018年10月，在深圳举办了“让艺术升骅——贾文忠全形拓展”，这是一次全形拓与汽车的完美结合

宝——走进中国农业博物馆》电视节目。这些节目提高了全形传拓技艺的社会关注度和影响力，对传统文化的创新性发展发挥了积极作用。

七是借助官网和新媒体进行宣传。中国农业博物馆在官网开设了“农博艺苑”专栏介绍全形传拓技艺，并利用官方微信公众号，实时推送全形拓科普文章及衍生产品，利用网络平台加强对全形传拓技艺的传播。

全形传拓技艺是集金石学、考古学、美学等多门学科于一体的传统手工技艺，具有极高的历史、科学、文学和艺术价值。非物质文化遗产需要薪火相传，代代相守，更需要与时俱进，推陈出新。全形传拓作品立体的展示效果把中国传统传拓技艺发展到了一个全新阶段，对弘扬优秀的中华传统文化、提升民族自信心和自豪感均发挥了积极作用。

参考资料

[1] 贾文忠：《怀念文物鉴定专家——傅大卣》，《中国文物修复通讯》1995年第7期。

[2] 邹典飞：《简述民国时期北京的金石书画社团》，《书法》2016年第4期。

[3] 石志廉：《篆刻家傅大卣》，《博物馆》1984年第1期。

[4] 张春岭：《陈介祺：清代金石学宗师》，《东方收藏》2018年第6期。

[5] 陈晶、王淑琴：《陈介祺藏古、鉴古、释古》，《安徽文学（下半月）》2008年第7期。

[6] 孙国强：《陈介祺的金石学成就和历史地位》，《潍坊学院学报》2004年第3期。

[7] 胡志平：《陈介祺研究两题》，《绥化学院学报》2005年第6期。

[8] 陆明君：《陈介祺与金石传拓》，《中国书法》2015年第5期。

[9] 王俊芳：《陈介祺与全形拓》，《潍坊学院学报》2017年第1期。

[10] 陆明君：《崇古尚理　探赜灵明——清代金石学家陈介祺的鉴藏与学术》，《中国书画》2013年第9期。

[11] 王屹峰：《古砖花供：全形拓艺术及其与六舟之关联》，《中国国家博物馆馆刊》2015年第3期。

[12] 郭玉海：《取象与存古——晚清全形拓的两种审美视角》，《故宫博物院院刊》2017年第5期。

[13] 池海营：《试析民国时期博古画创作的图式特征及成因》，《淮北师范大学学报（哲学社会科学版）》2016年第4期。

[14] 李旭：《论作为美学范畴的“禅意”——兼说古代美学范畴当代价值的生成机制》，《五邑大学学报（社会科学版）》2003年第2期。

[15] 马子云：《金石传拓技法》，人民美术出版社，1988年。

[16] 桑椹：《全形拓之传承与流变》，《紫禁城》2006年第5期。

[17] 桑椹：《青铜器全形拓技术发展的分期研究》，《东

方博物》2004年第3期。

[18] 郑珊珊、纪宏章、郭玉海、周佩珠、冀亚平、贾双喜、张辛、郑岩：《纸墨留香　传继手的荣耀　传拓技法·全形拓》，《紫禁城》2006年第5期。

[19] 熊长云：《卷器咸陈　漫谈金石全形拓》，《收藏》2015年第1期。

[20] 郭玉海：《响拓、颖拓、全形拓与金石传拓之异同》，《故宫博物院院刊》2014年第1期。

[21] 徐蓉蓉：《青铜器全形拓和平面拓片的审美价值比较》，《美与时代（中）》2015年第3期。

[22] 李学勤：《贾文忠金石传拓艺术》，《中国文物报》2013年第2期。

[23] 戴莹：《从“文物郎中”到“实战派鉴定专家”——记中国民间国宝评审委员贾文忠》，《收藏界》2008年第3期。

[24] 贾文忠：《金石学与全形拓》，《中国文物科学研究》2017年第3期。

[25] 陈志伟：《圆雕传拓技艺》，《洛阳考古》2019年第

2期。

[26] 张秋玉.：《高浮雕传拓技艺的传承与保护研究》，《大观》2020年第7期。

[27] 杨海霞：《传拓形式美融合艺术设计创新的可行性与实践研究》，《大观》2020年第6期。

后 记

全形传拓技艺是中国千年传拓史的历史总结，它与国画、书法及京剧等国粹艺术一样，堪称传统艺术瑰宝。关于全形传拓的研究构成了中国传拓史研究的一个不可或缺的环节，因此，从当代文化意义和社会功能来看，全形传拓技艺仍具有重要的研究和保护传承价值。

由我国非物质文化遗产研究领域的领军人物、中国艺术研究院研究员苑利博士组织编纂的“文物大医生”之《全形拓制作技艺和它的传人们》一书即将付梓。本书突出历史性、传承性和创新性，通过史料文献、历史照片和传拓作品的相互佐证，用娓娓道来的语言为读者诉说着全形传拓技艺几百年来的发展印记、传拓名家的传承故事以及保护传承工作。出版此书，旨在进一步弘扬传统文化，激发国人热爱传统文化的自豪感，促进形成学习传统文化的浓厚社会氛围，为将中华优秀传统文化转化为实现中华民族伟大复兴、构建

“人类命运共同体”的强大精神力量提供文化支撑。

习近平总书记曾强调：文物承载灿烂文明，传承历史文化，维系民族精神，是老祖宗留给我们的宝贵遗产，是加强社会主义精神文明建设的深厚滋养。国家“十四五”规划和2035年远景目标建议提出：要传承弘扬中华优秀传统文化，强化重要文化和自然遗产、非物质文化遗产系统性保护。全形传拓是我们真正探寻大国重器前世今生的重要非遗技艺，是中华民族传统文化技艺中闪耀的瑰宝，其诞生与发展生动地记录了民族文化的创新和探索，充分体现了中华民族传统技艺的创造性转化和创新性发展，必将成为弘扬民族优秀文化的一座历史丰碑。

在本书的编辑过程中，北京美术摄影出版社给予了大力支持和帮助，出版社编辑积极为本书出主意、想办法、提建议；中国农业博物馆研究员、全形传拓团队学术带头人贾文忠先生为本书提供了大量图片资料，谨表感谢！由于时间仓促，或有疏漏和舛误，敬请各位读者指正。

2022 年 1 月